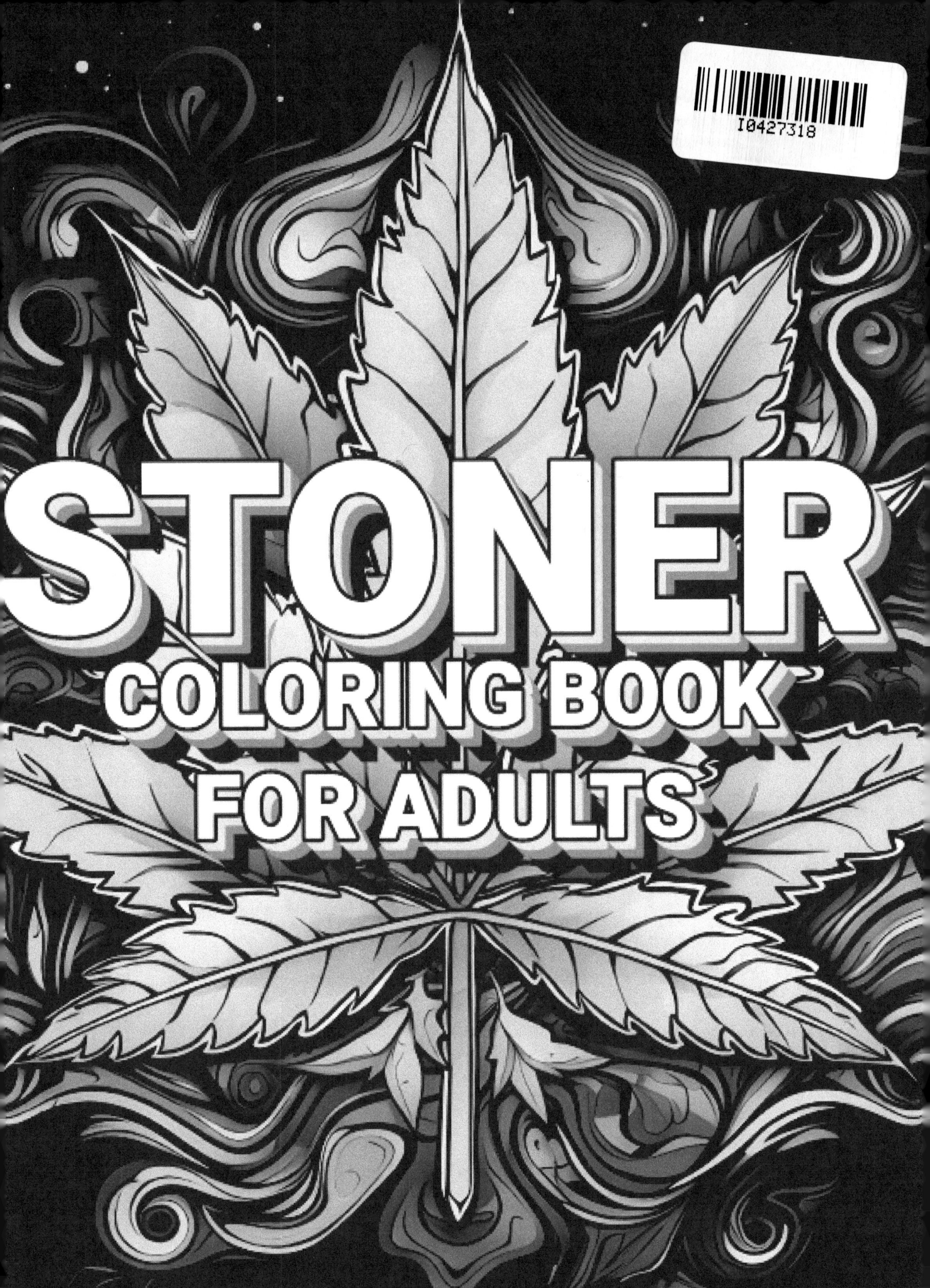

STONER
COLORING BOOK
FOR ADULTS

THIS BOOK BELONGS TO A STONER AKA

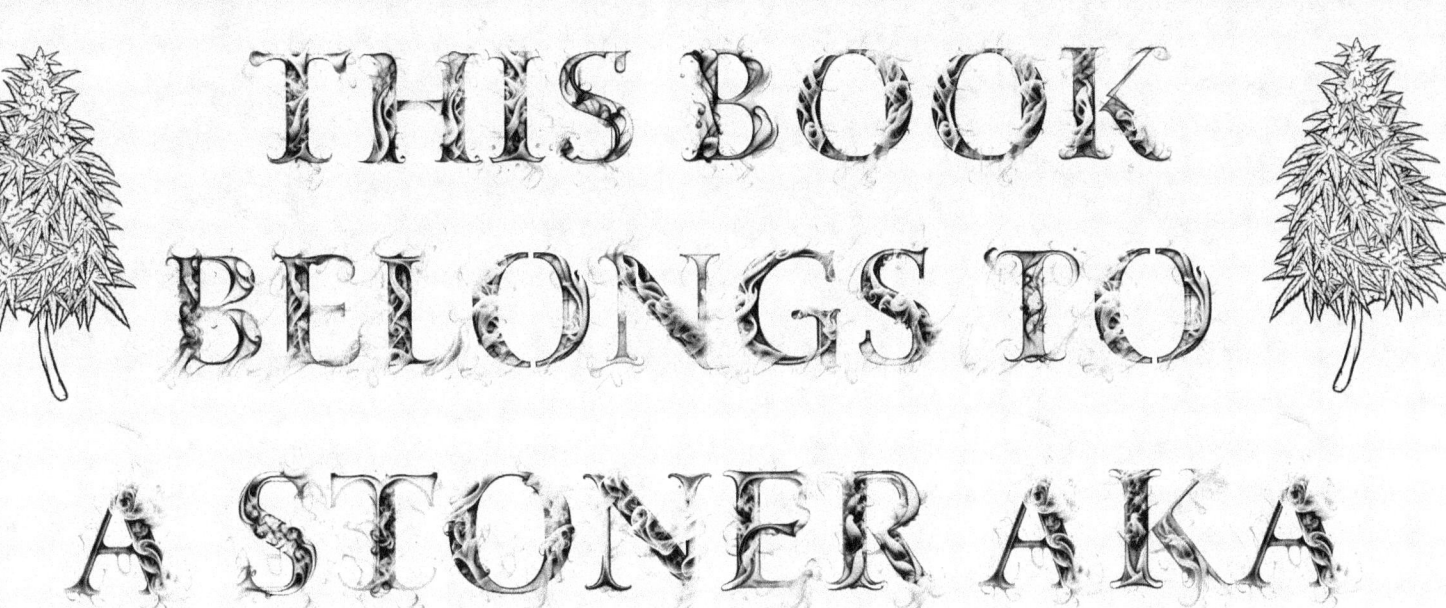

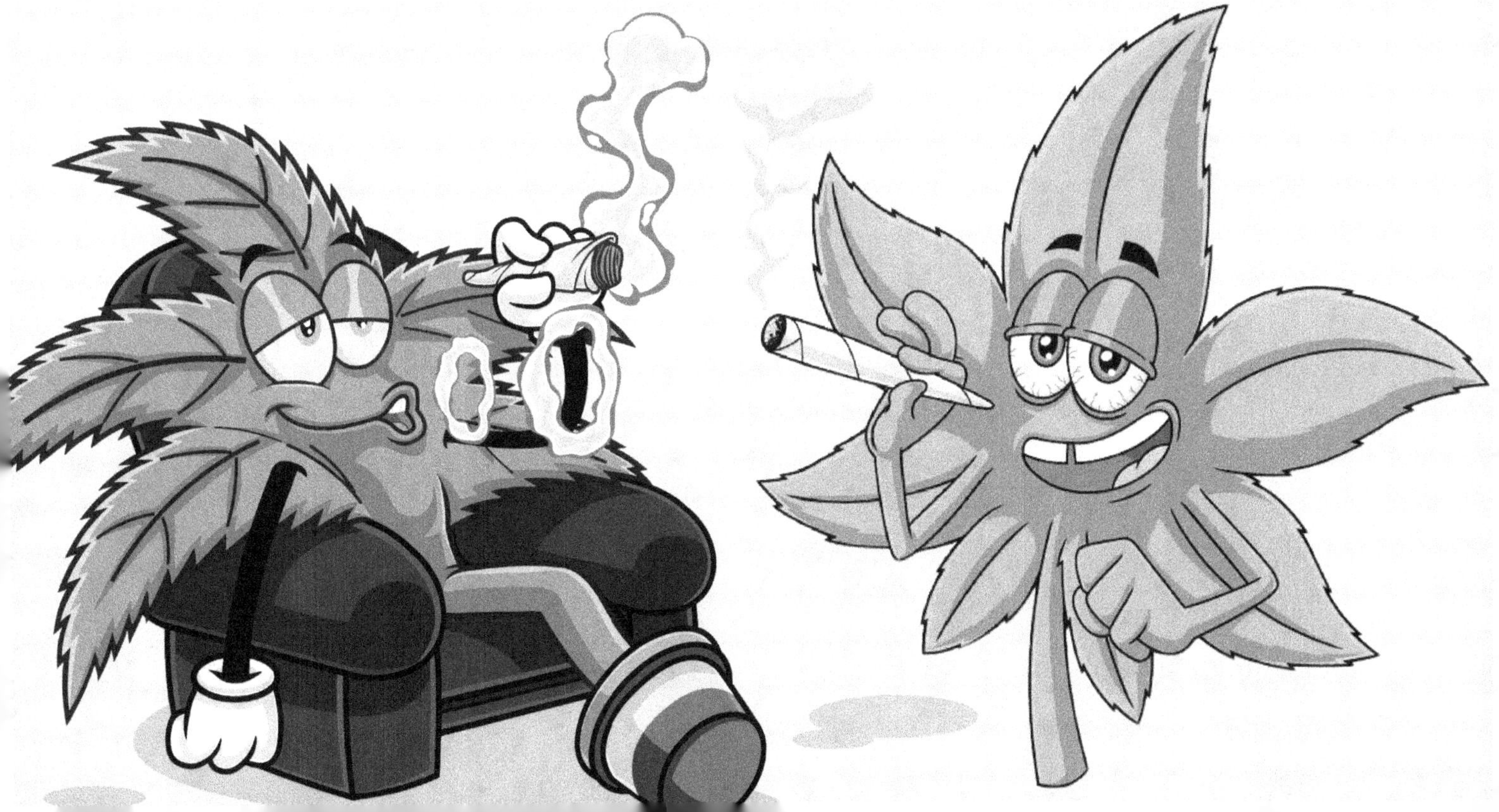

_____

_____

_____

_____

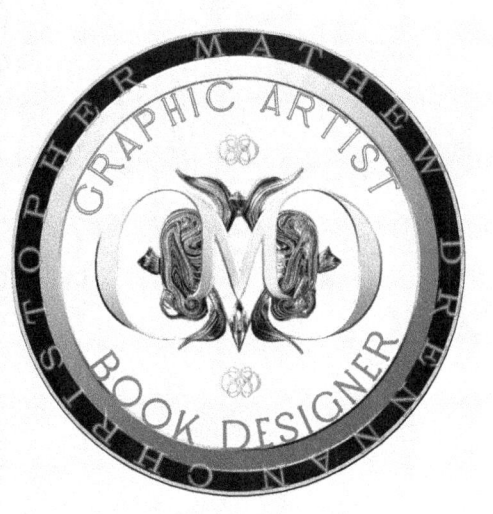

Welcome to

CHRISTOPHER MATTHEW DRENNAN'S

GAPHIC'S AND BOOKS DESIGNS

THERE MORE WERE THAT CAME FROM

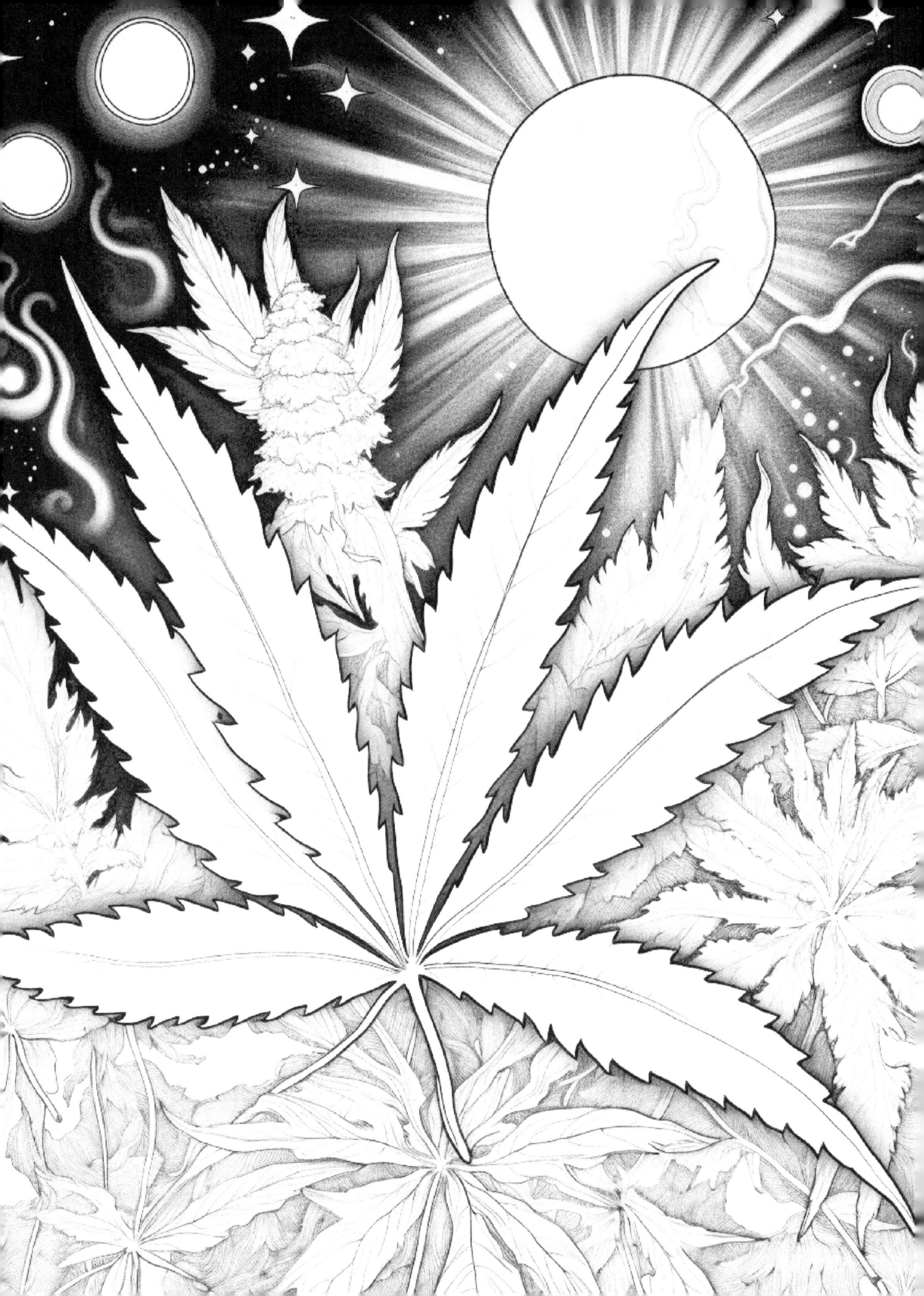

MAZE - 1

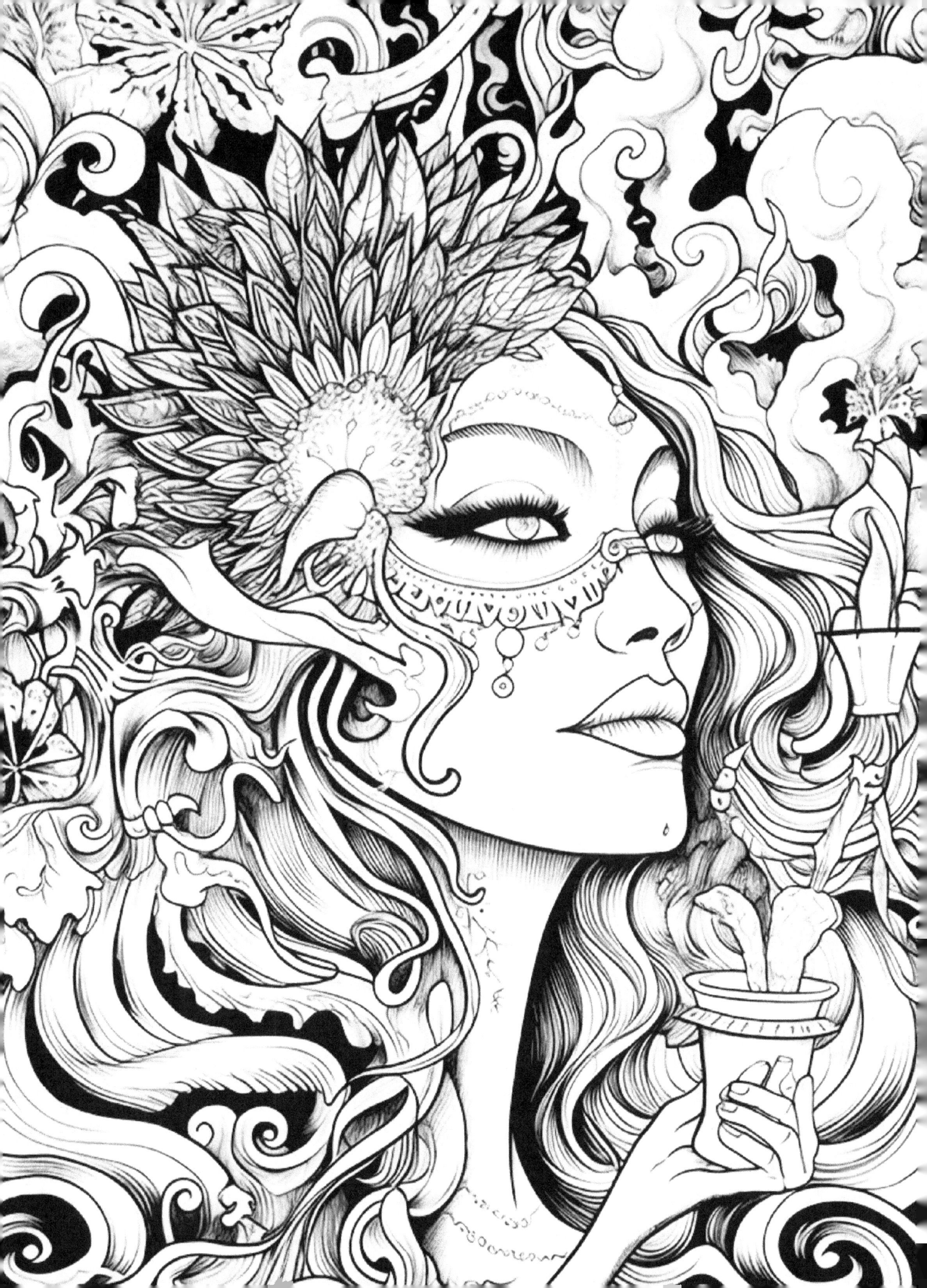

TRUDANK

```
C D G U Z V A D B O O I R U M J T V Y W
E T Y J M M B M A Z L C X S L H B H O Z
F T H Z F V U F B B N V M T R Z A N G T
V X L V M O B U Q A A E A Y S A T I V A
C L E D R D B Q K X R C U P I Y N V C V
R D E H P R L M E M H Y A A O A E A A I
E E T U E B E S A F L Q S C Y R W M N N
T M V E I R R S C G C Y O Y H L W T N N
M A N I L A B W W D O P E R N P J J A D
T Z O P D X E G A N J A I J O I N T B I
F T H P I P X B H A N G Z E O F T Y I C
Q R A G I C H N K M A R I J U A N A S A
L I S P V E A H Y B R I D D A S M R Z H
O C H S Y N M A R Y J A N E J E E I A C
P H I S H T R U L I E V E Z I F U K C P
G O S B X E C O G R A S S B E T O M S B
I M H E W Z M E Q V E M O E Y O Y Y C T
B E X J Z O P P O V W O R U H C L C N M
P S M O K E R T P B D F N M R O A C H M
J C L W L G U W F L Z P E E V T Z M U V
```

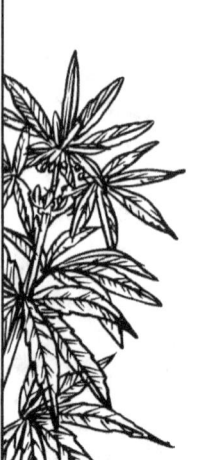
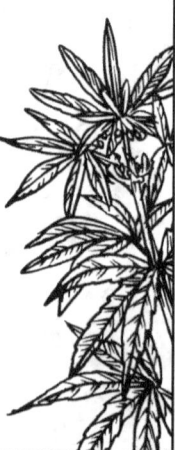

ABACA	AMBARY	BHANG
BUBBLER	CANNABIS	DOOBIE
DOPE	GANJA	GRASS
HASHISH	HEMP	HERB
HOOKAH	HYBRID	INDICA
JOINT	MANILA	MARIJUANA
MARYJANE	PIPE	REEFER
ROACH	SATIVA	SMOKE
TRICHOME	TRULIEVE	VAPOR

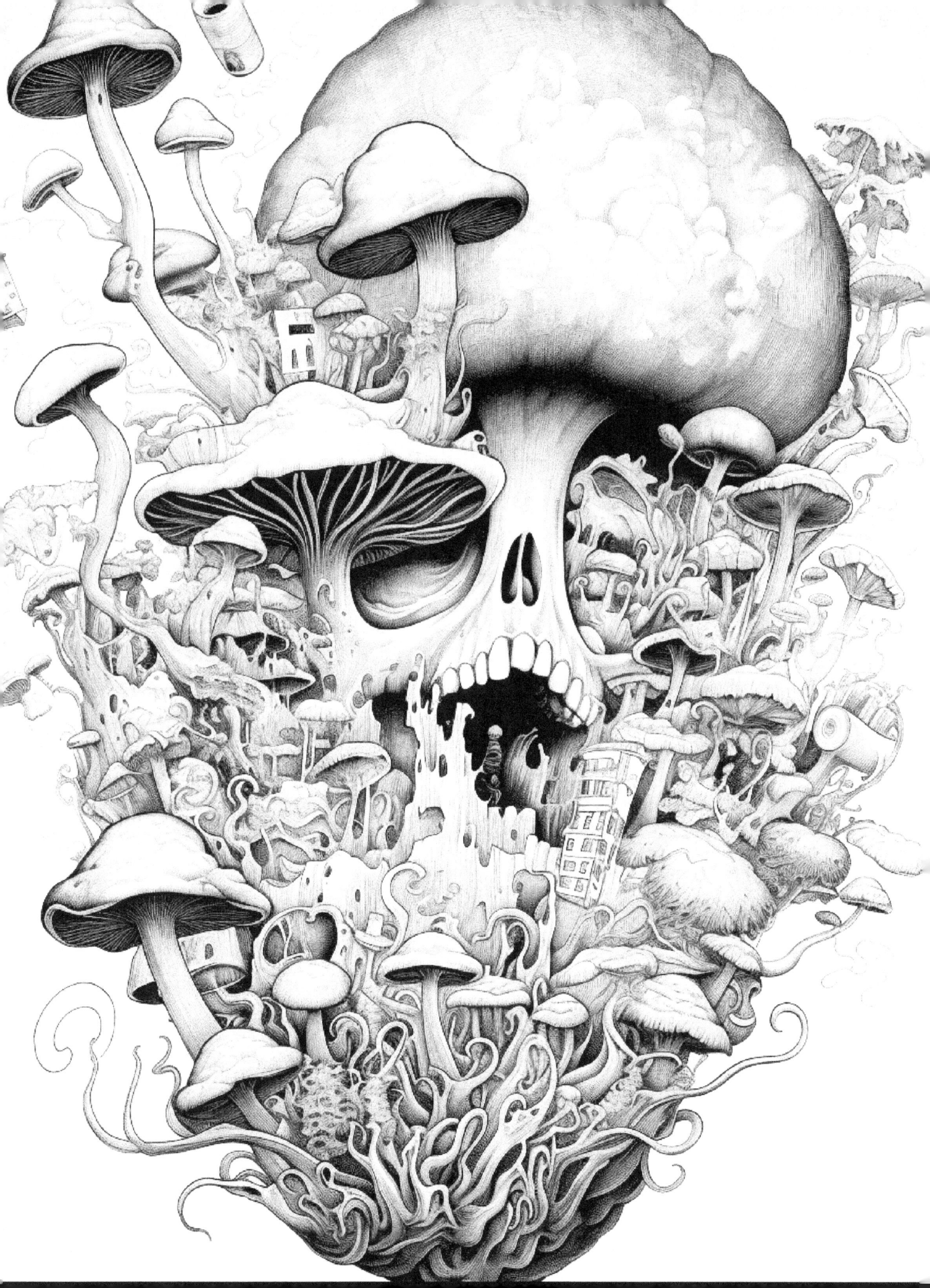

Very Hard

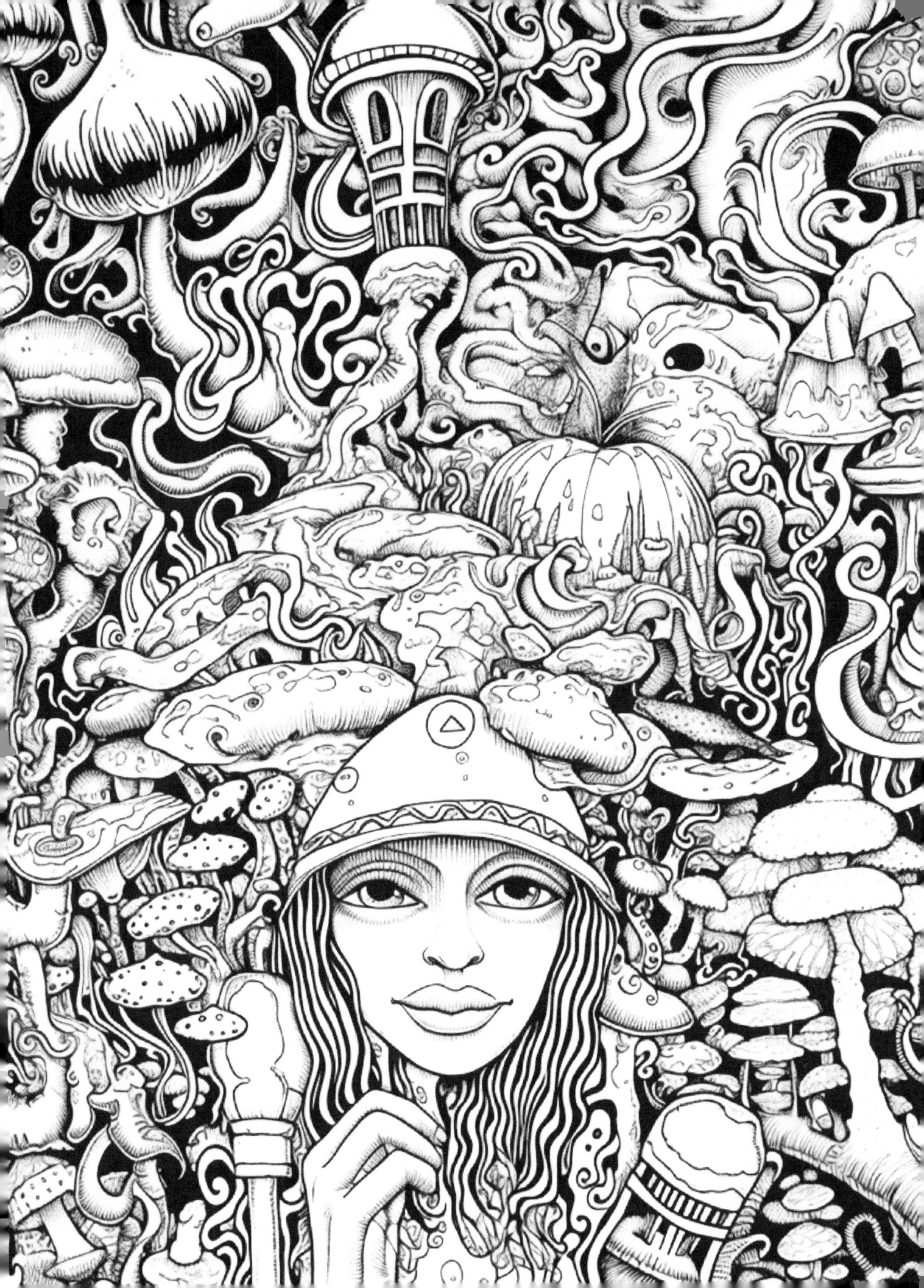

MAZE - 3

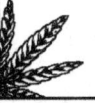

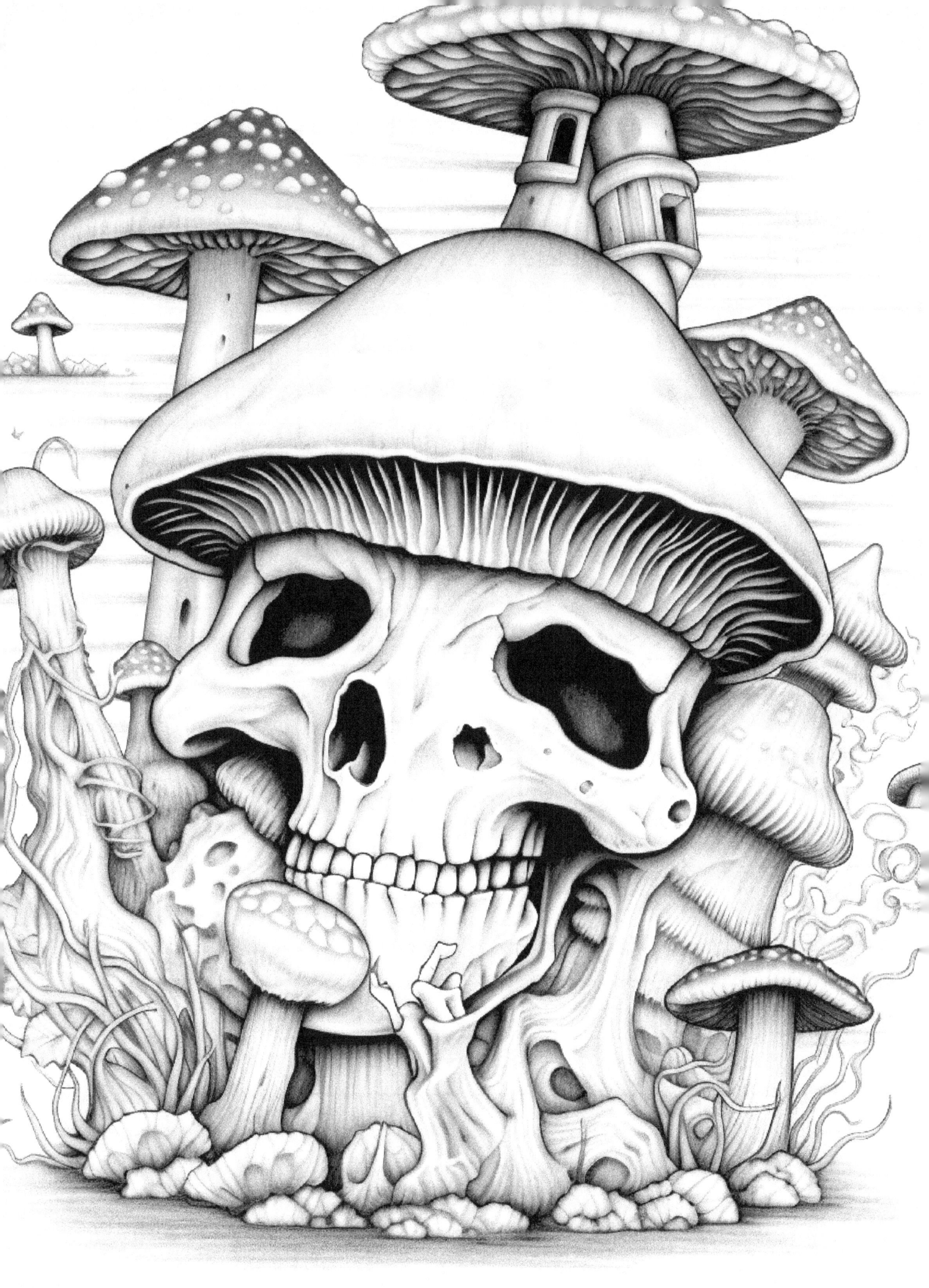

Very Hard

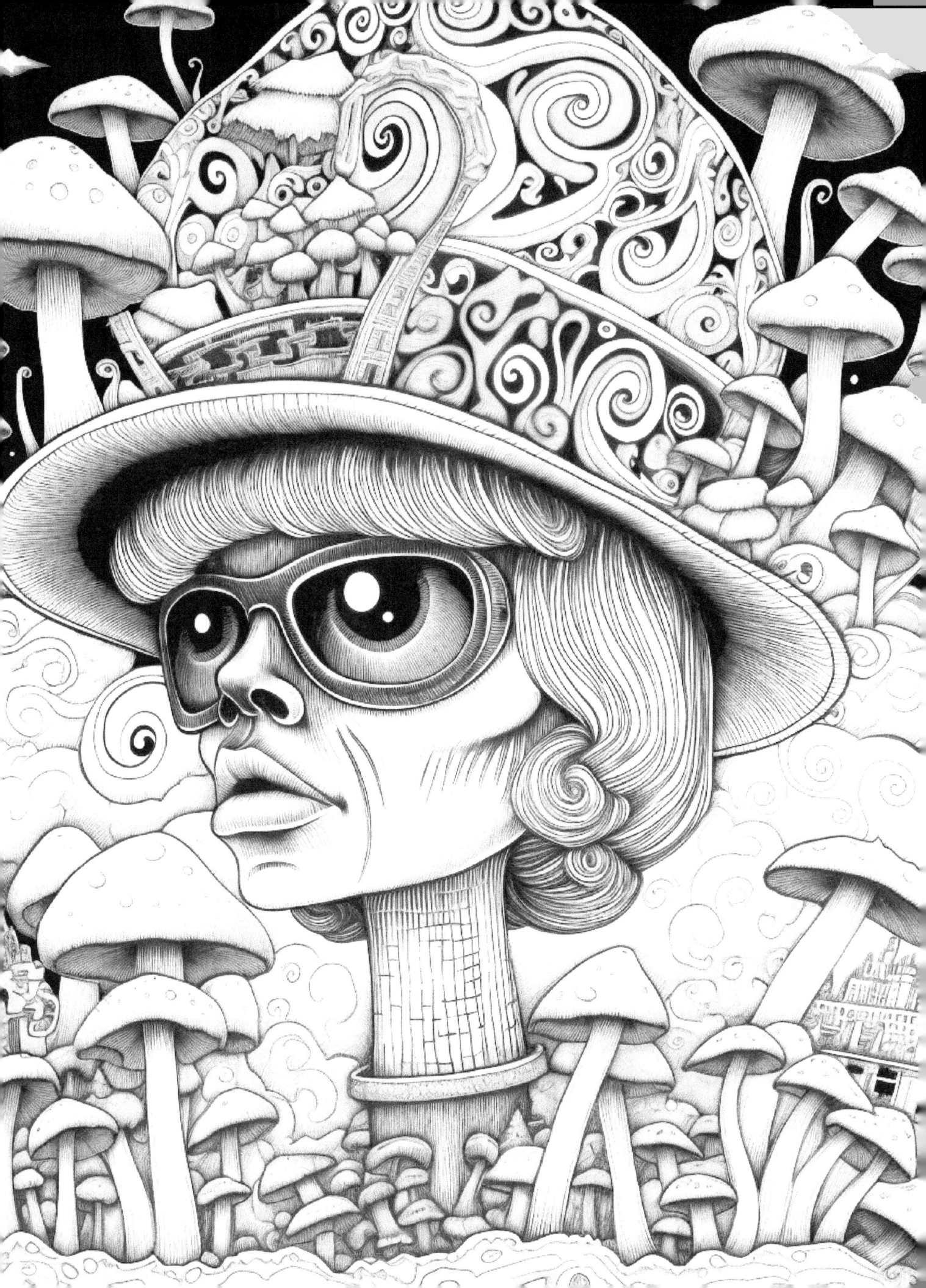

Very Hard

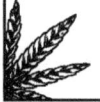

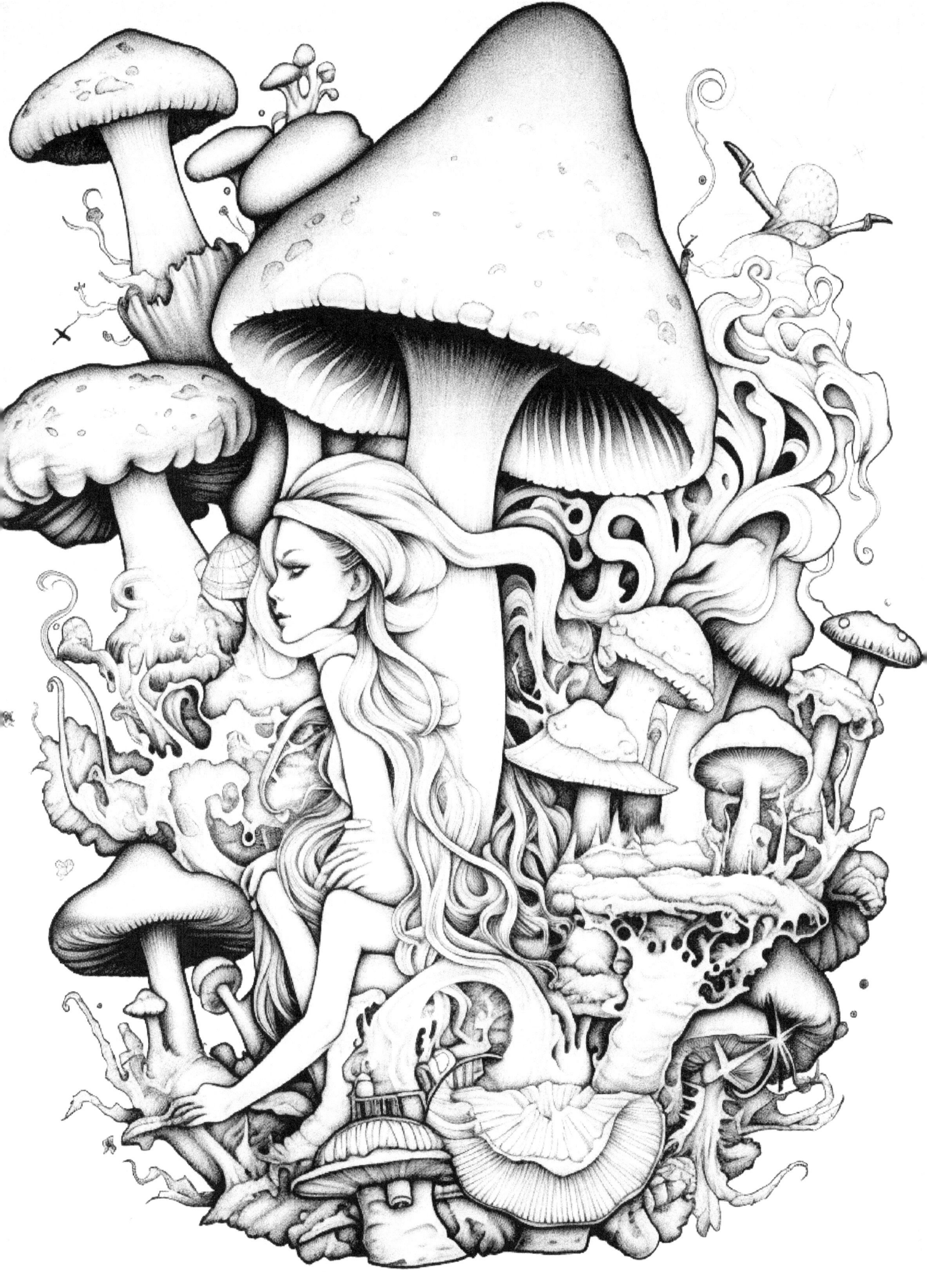

Very Hard

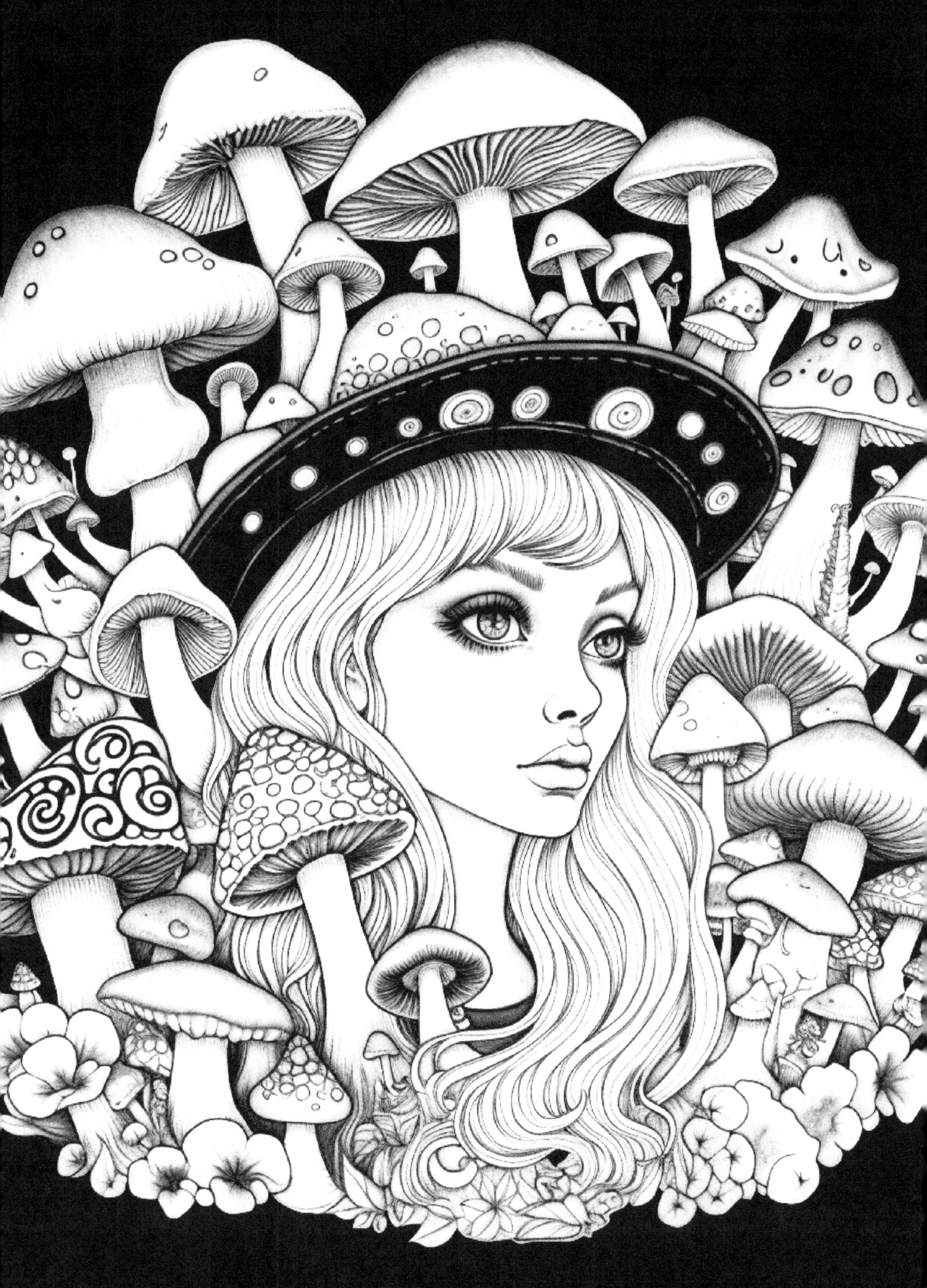

Very Hard

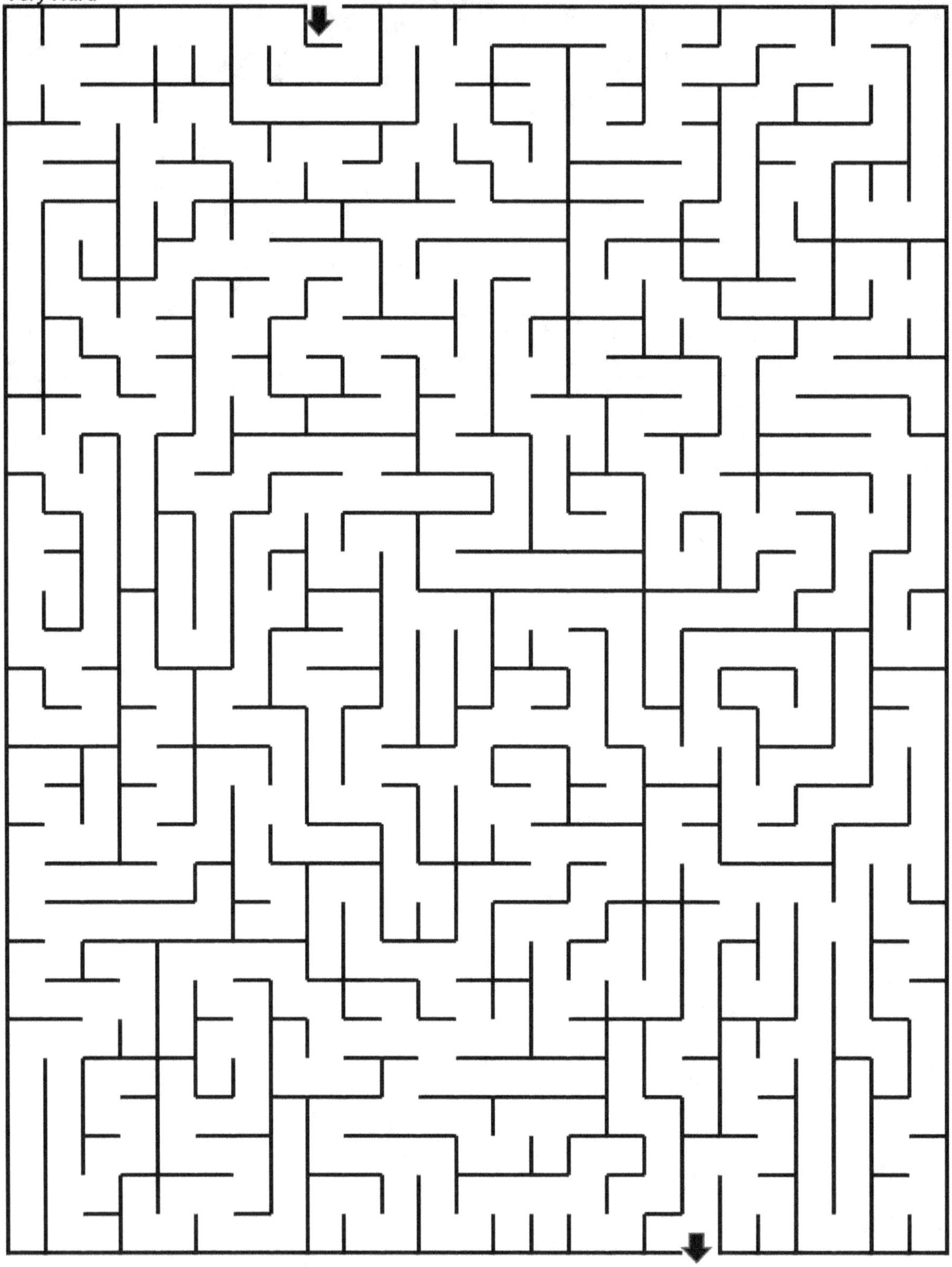

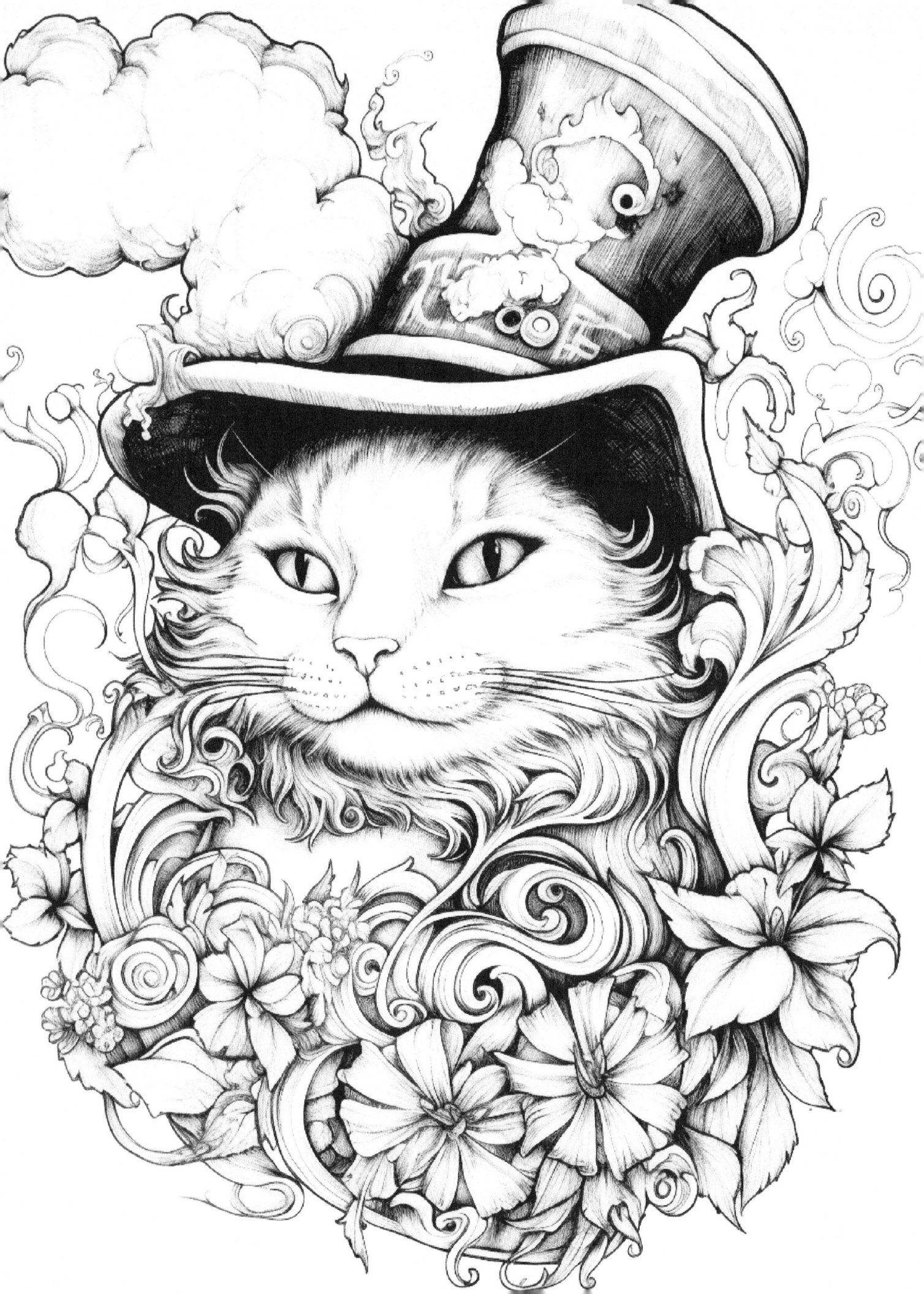

SLANG NAMES FOR CANNABIS

```
Y B X B A B Y S I T T E R B R B A S B L
L H B A F A T T Y R Q J P N T V N U S T
L N Z C J G K M R P W W A K F R S H J X
X F E C R A Z Y W E E D T Z B A I B P P
K F L N I L G H C Q F E E D O T L I J N
V N T K I F A N C H A R G E O K A C V I
Z K X K V Y S K I V G R W Q F J I V E T
R I I K N N H J Y B L U E S A G E H K K
B H N L I Y I W D A N K M T O X I A G F
K O F D T G U N G E O N S B A M B A P M
I M G R A E H J C R P I F S K E O J G J
D E E Y I Q R E Q T B H A E Z W N T S R
H G M R R K I G X M M R W P A C F E A I
Q R O S P D A C A H E G T B M H G K T N
M O F Q L E C I P V A E M F X R R B Q B
G W Q Z A X D C E D M U D T Z O I T V Q
D N T H N X O O J N K U Z B P N T B O Y
E U B T E B L H Z L F R S P H I H T U A
F I Z T Y A Z D A W A M E S K C X Y V M
H A K D E A S G I K C R Y P T O N I T E
```

AIRPLANE
BAMBA
CHARGE
CRYPTONITE
DIAMBISTA
GUNGEON
KILTER

ALOE VERA
BLUE SAGE
CHRONIC
DANK
FATTY
HOMEGROWN
KUMBA

BABYSITTER
BOOF
CRAZY WEED
DAWAMESK
GASH
JIVE

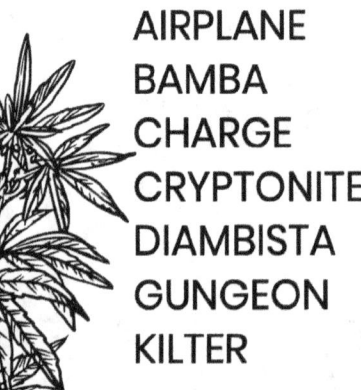
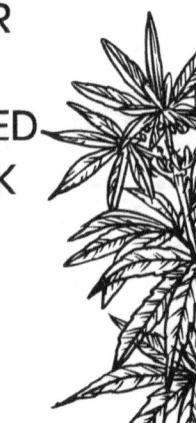

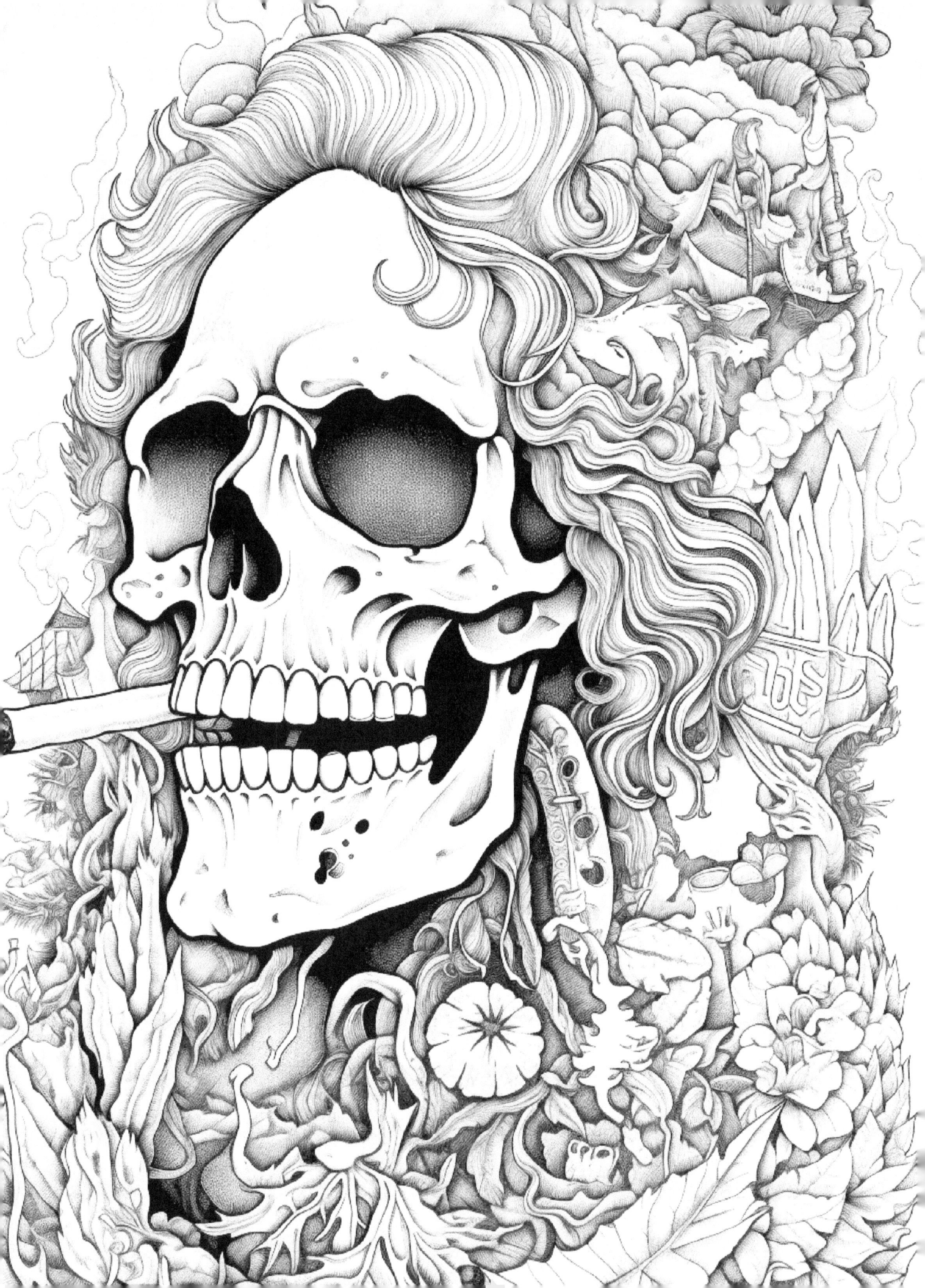

Very Hard

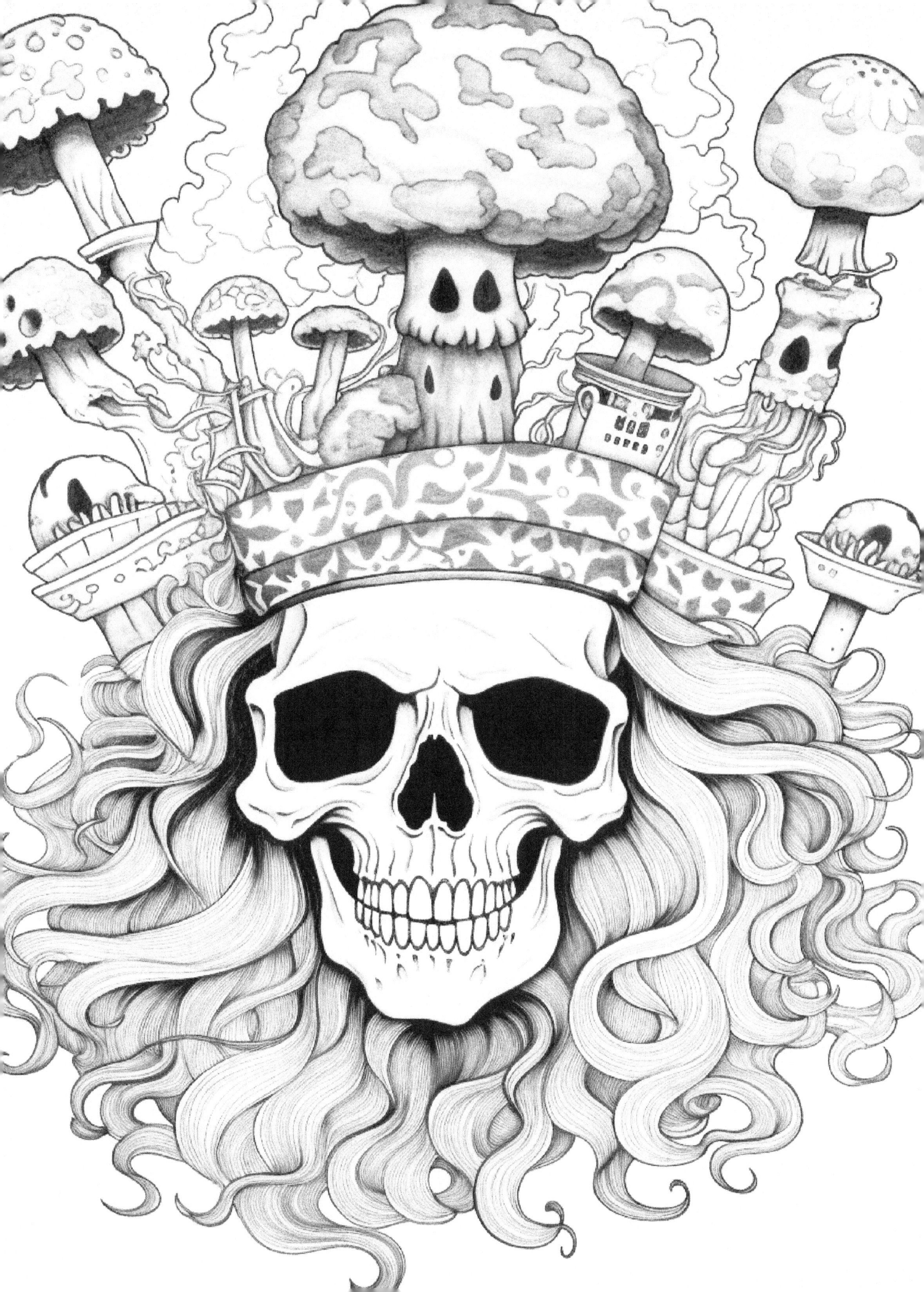

Very Hard

MAZE - 9

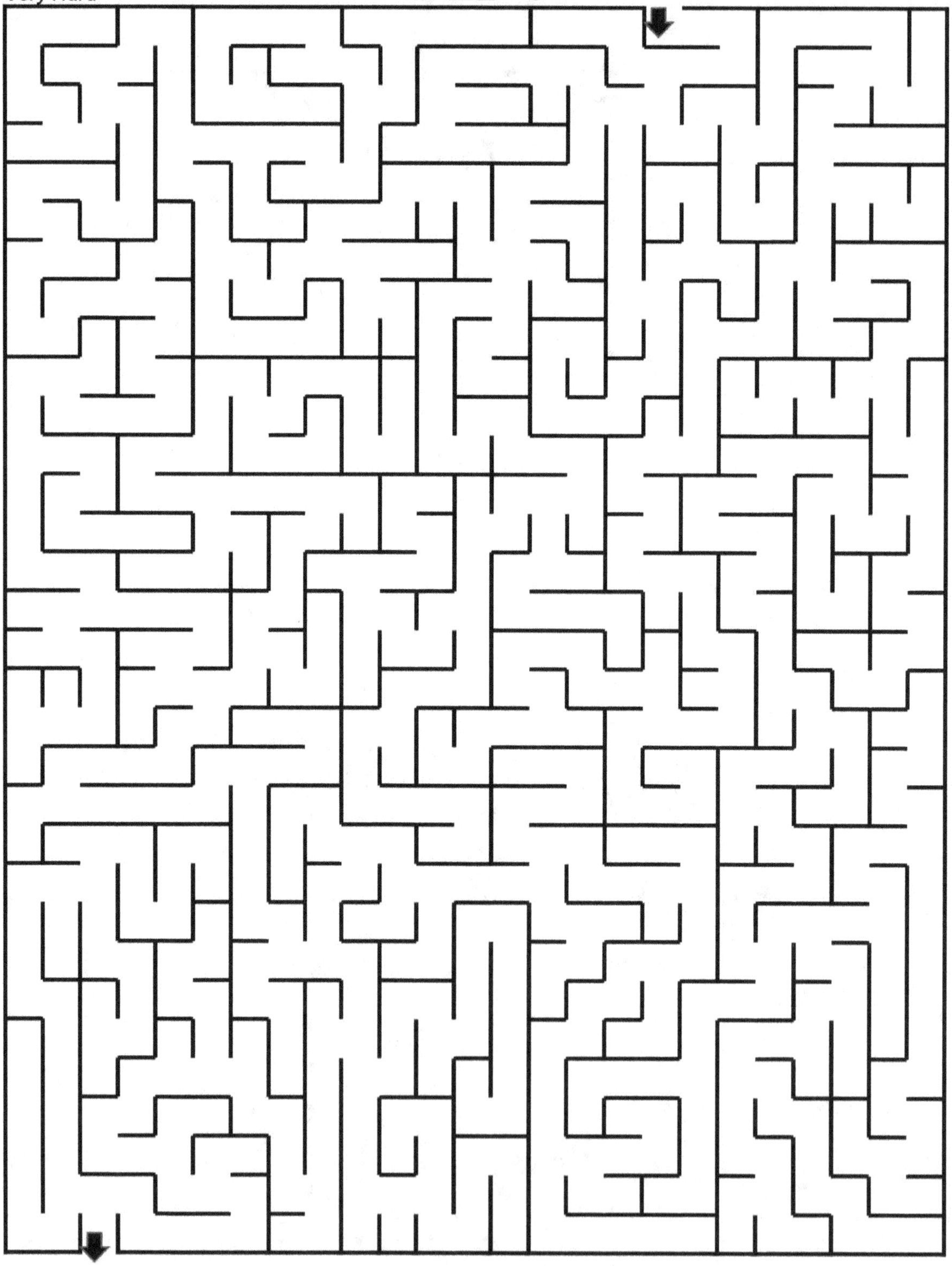

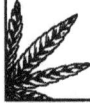
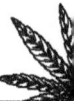

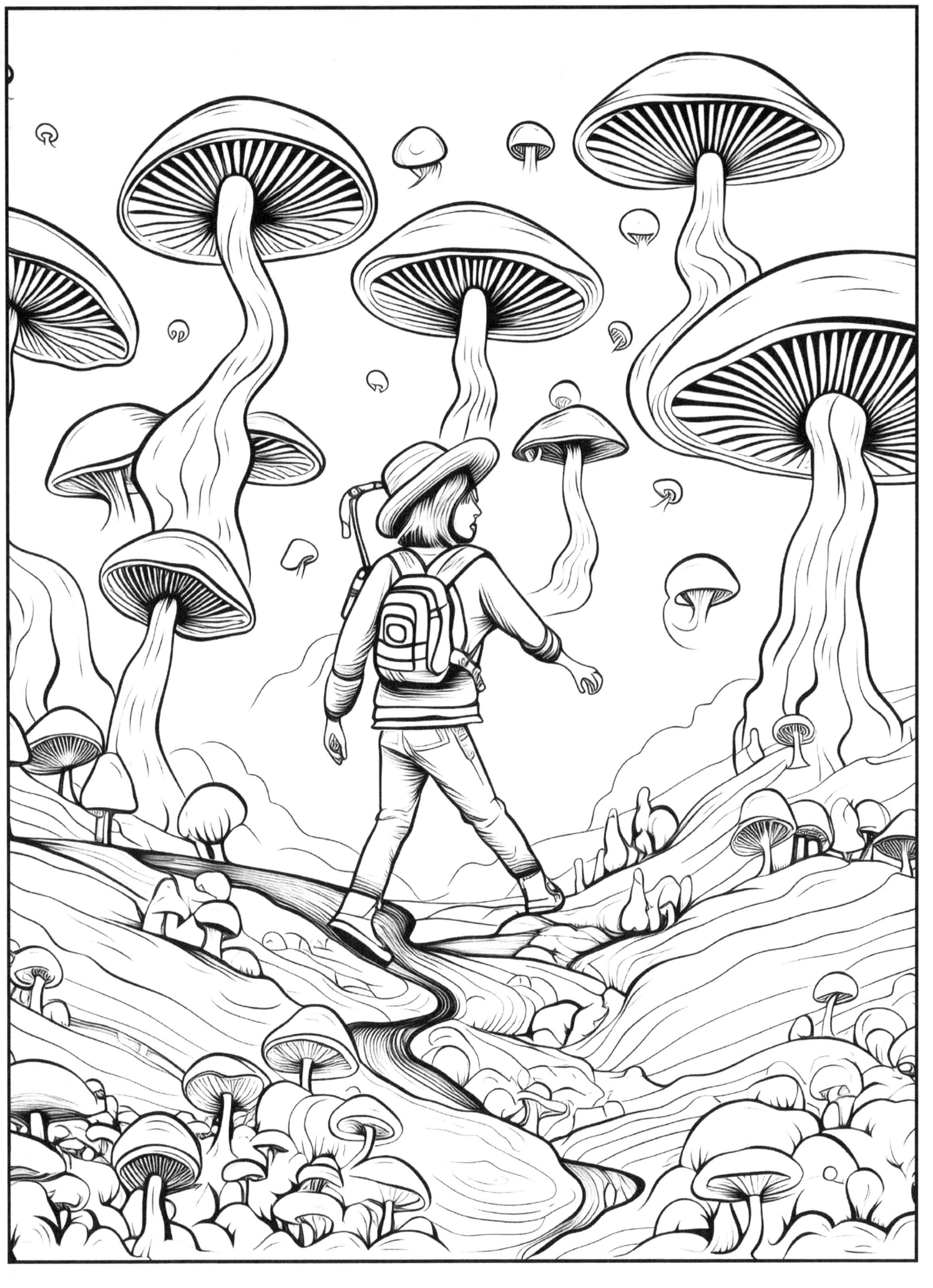

SMOKING

```
A V W W R C V A P O R F X B M J D D J G
M P V Q A T E Q H V W Z T Q X S E V N M
S F O V T T C S H A T T E R X J C B O C
T C L Y S N E H F S Z U F G D W N S N Q
E A C N T G F R E S P L I F F Z U E U R
R N A K J Y A Q P E S J I J F Z U E G P
D N N O A H D J L I B V H Q B M I D G Z
A A O U E W E Y C P A Y D K L Z S E I
M B Y N B C D V M K E E A A J I A G T Y
M I G W U X R P K Y D U U W G S O Z S X
E S G M T K D I L M Y D R U G S P E S
V G L I A V H M Z U I C K Y B U Z Z E D
D Y L E N R G K A Z N T E B M Q K A N H
F W I A E D I V T G L S H Z F K J K W J
F A G E H R I J H S J A W Y J R D M A Z
U X H G E X J C U L A O S T M A I C G A
P I T F R R G N A A A T P V Q U L I
G Z E U Q R O F B V N T I N F P H C R X
C E R K Z Y O D D L L A I D V T K X X Y C
R I C W X R M R A I J X T I A A L U R S
```

AMSTERDAM   BLAZE   BUTANE
BUZZED   CANNABIS   CHEEBA
DRUGS   FADED   INDICA
JOINT   LIGHTER   MARIJUANA
NUGGETS   REEFER   RIZZLAS
SATIVA   SEEDS   SHATTER
SPLIFF   VAPOR   VOLCANO
WATERPIPE

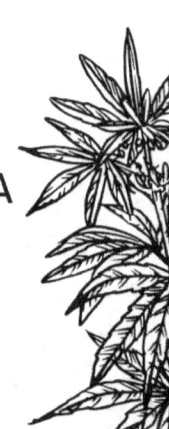

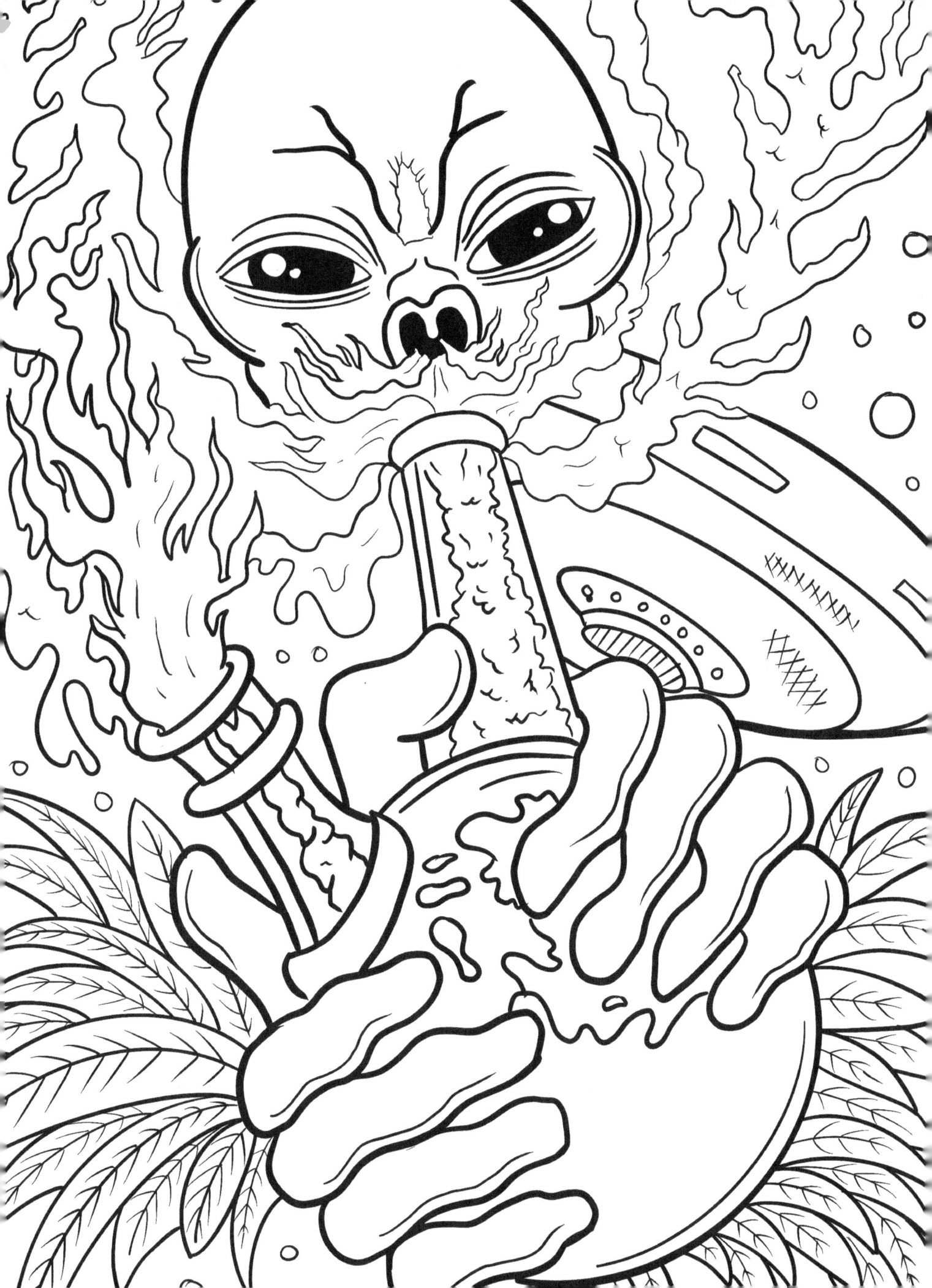

MAZE - 10

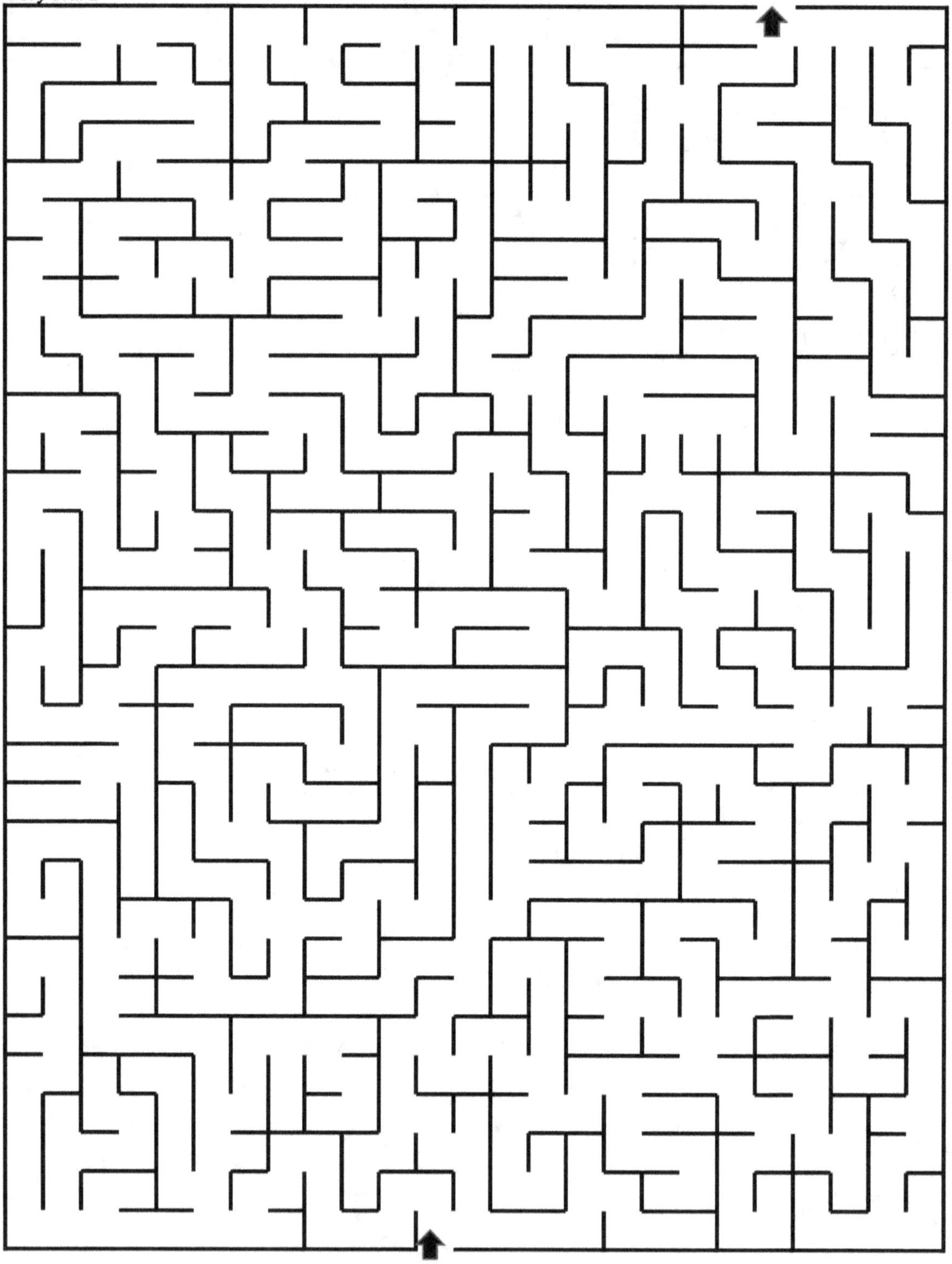

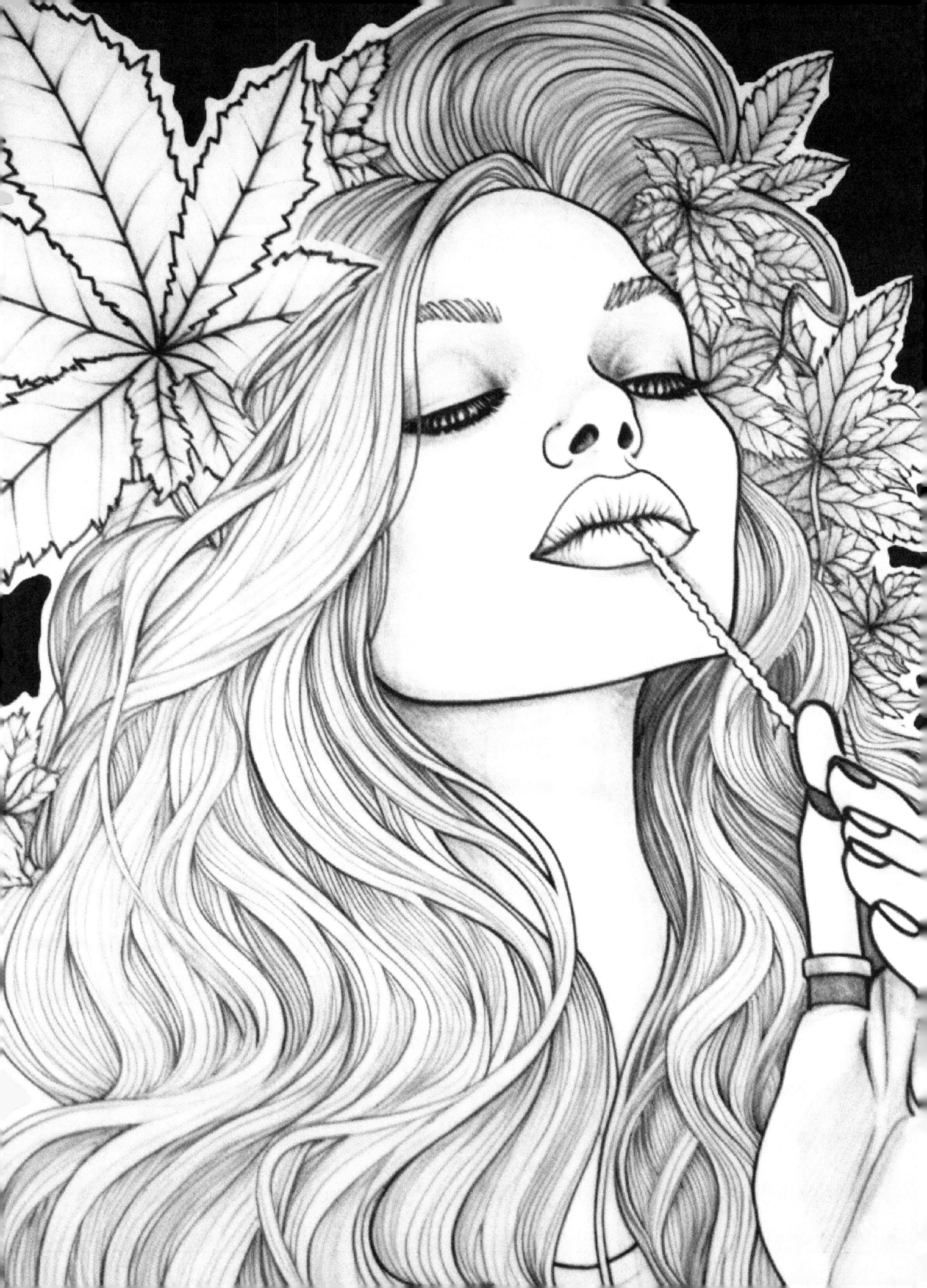

Very Hard

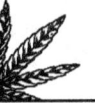
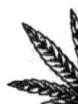

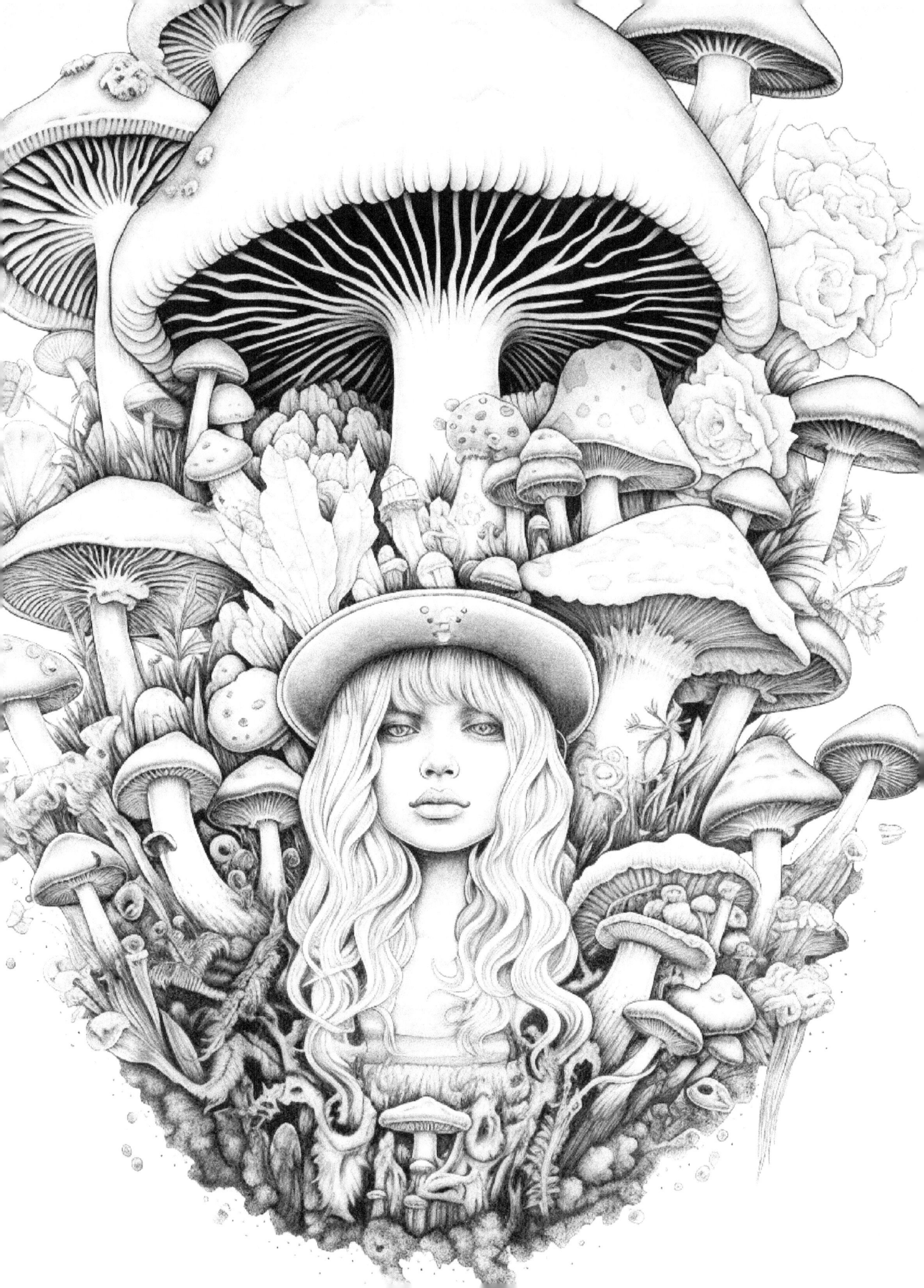

Very Hard

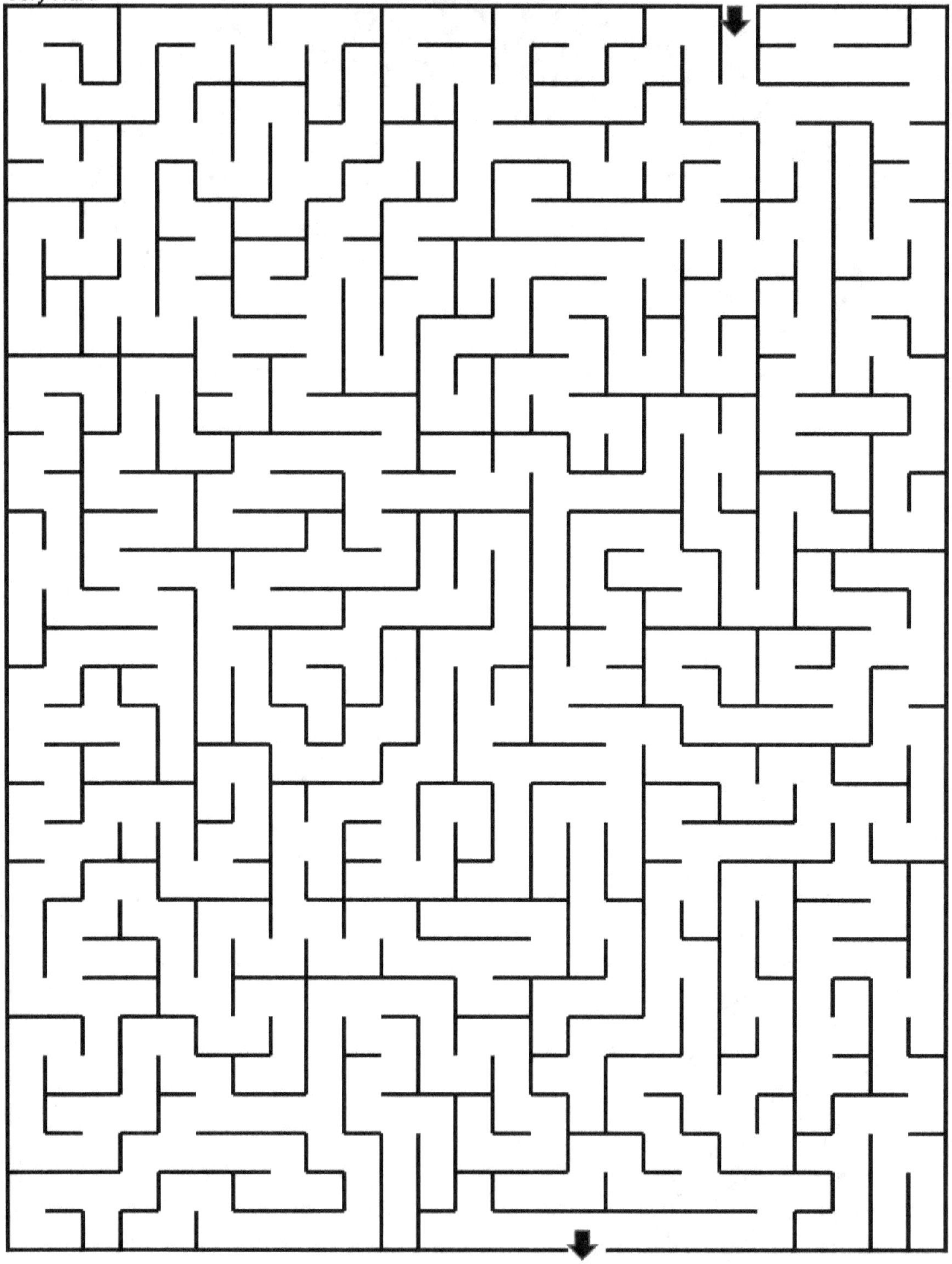

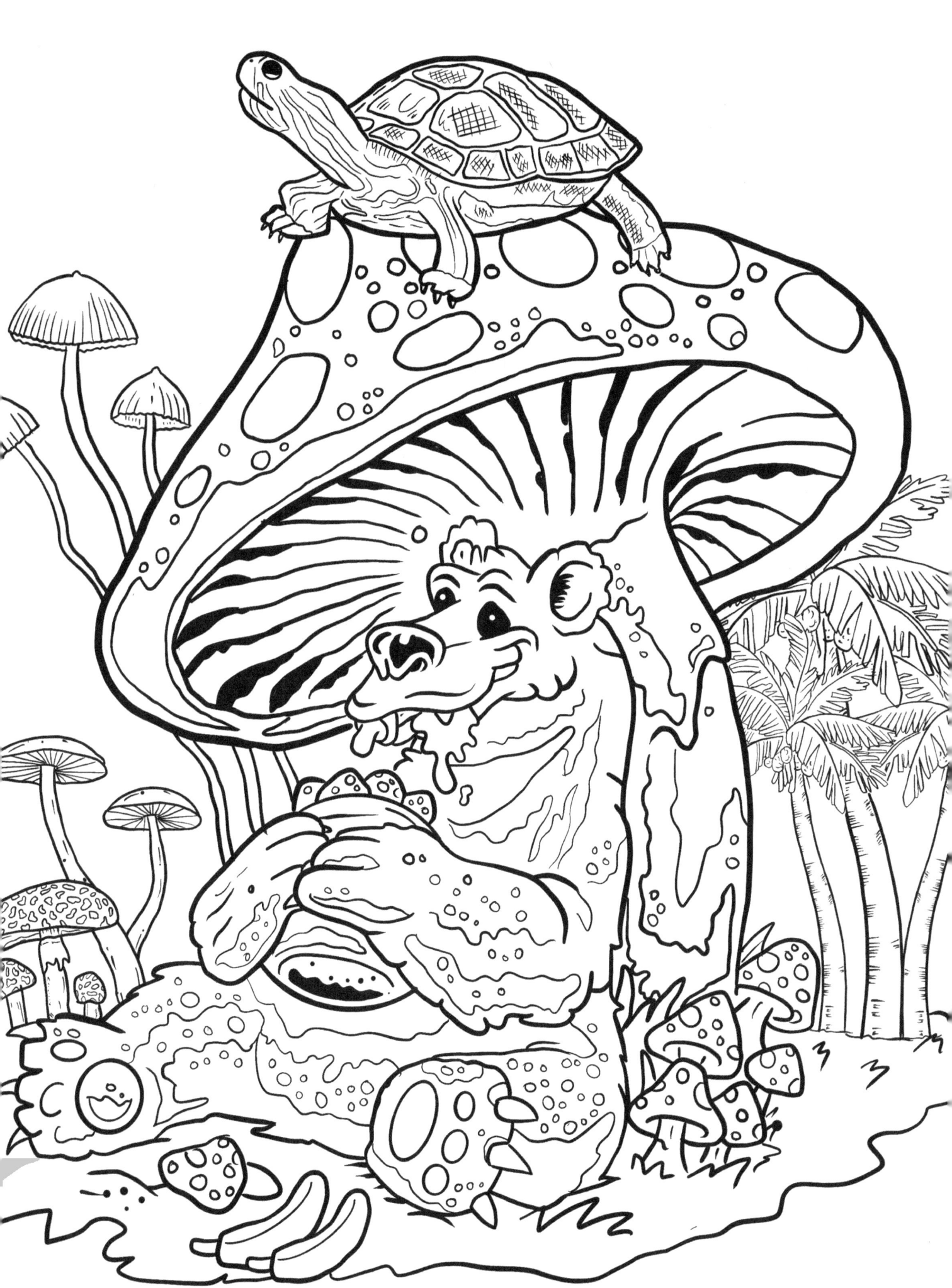

MAZE - 13

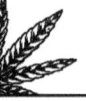

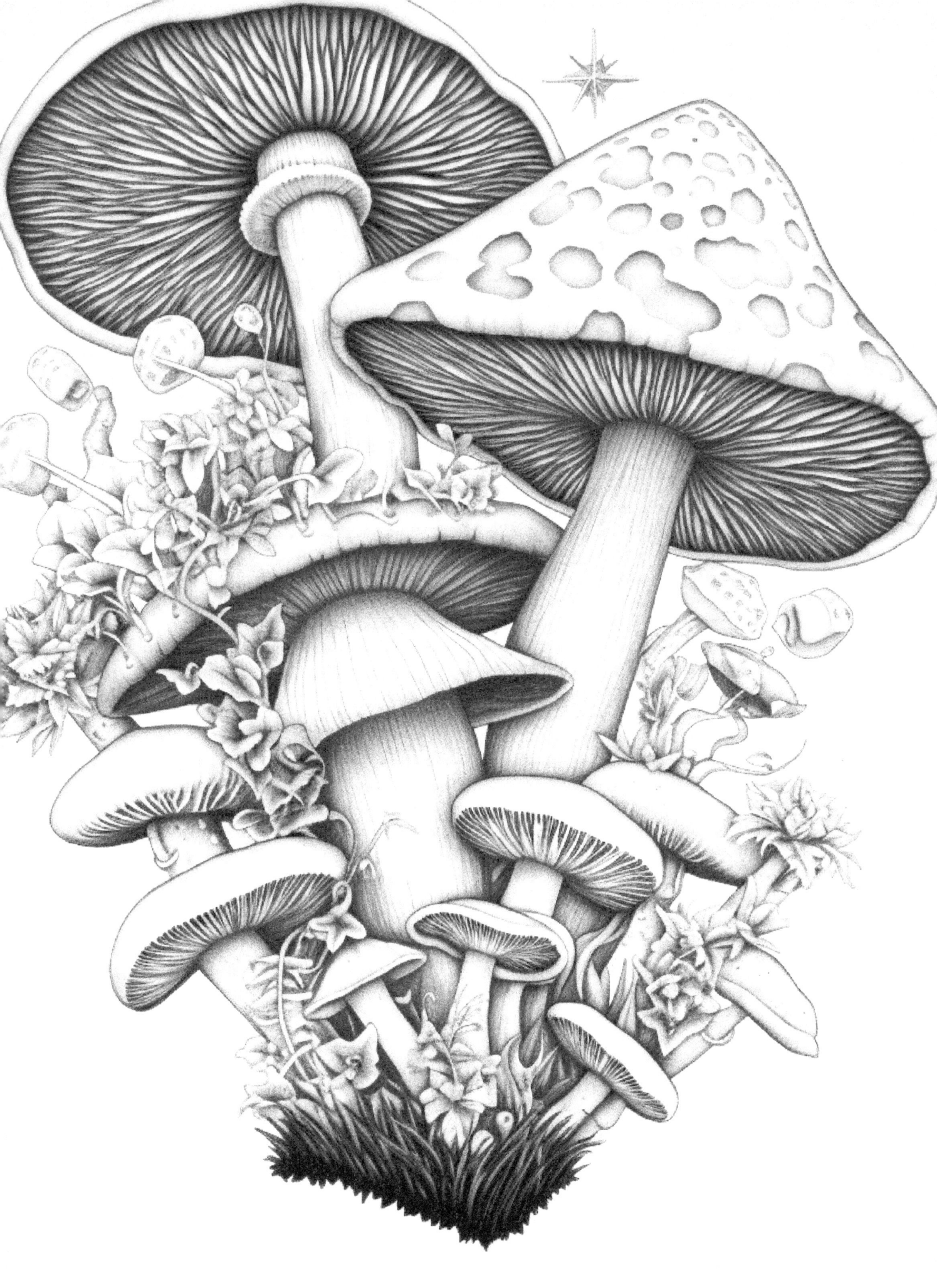

Very Hard

MAZE - 14

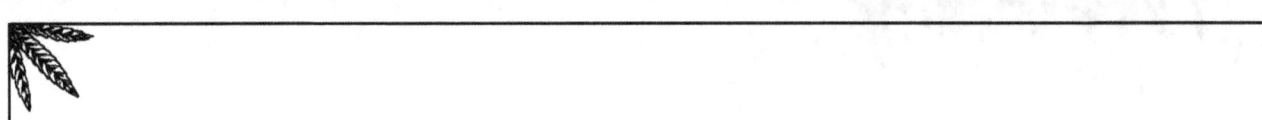

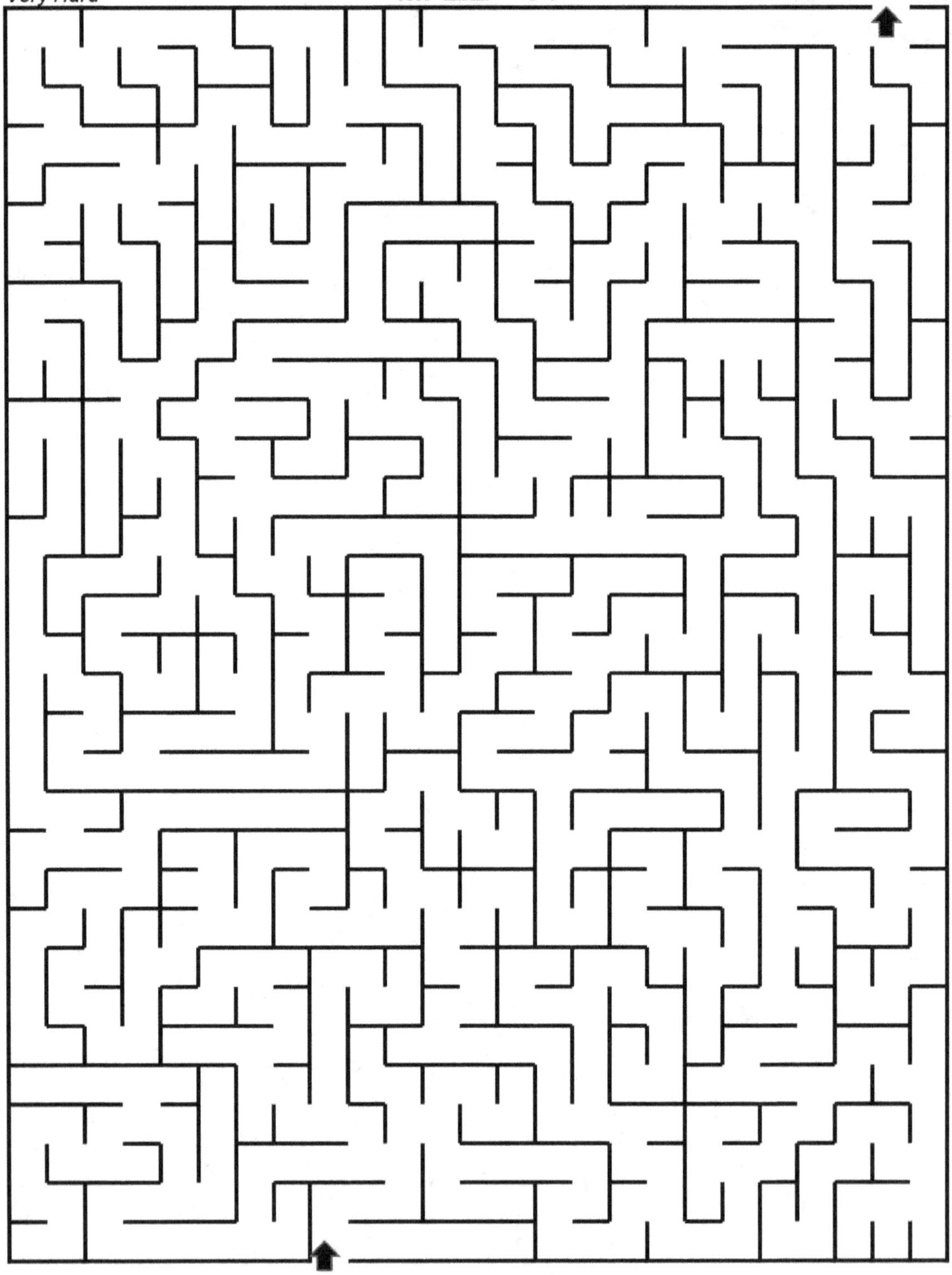

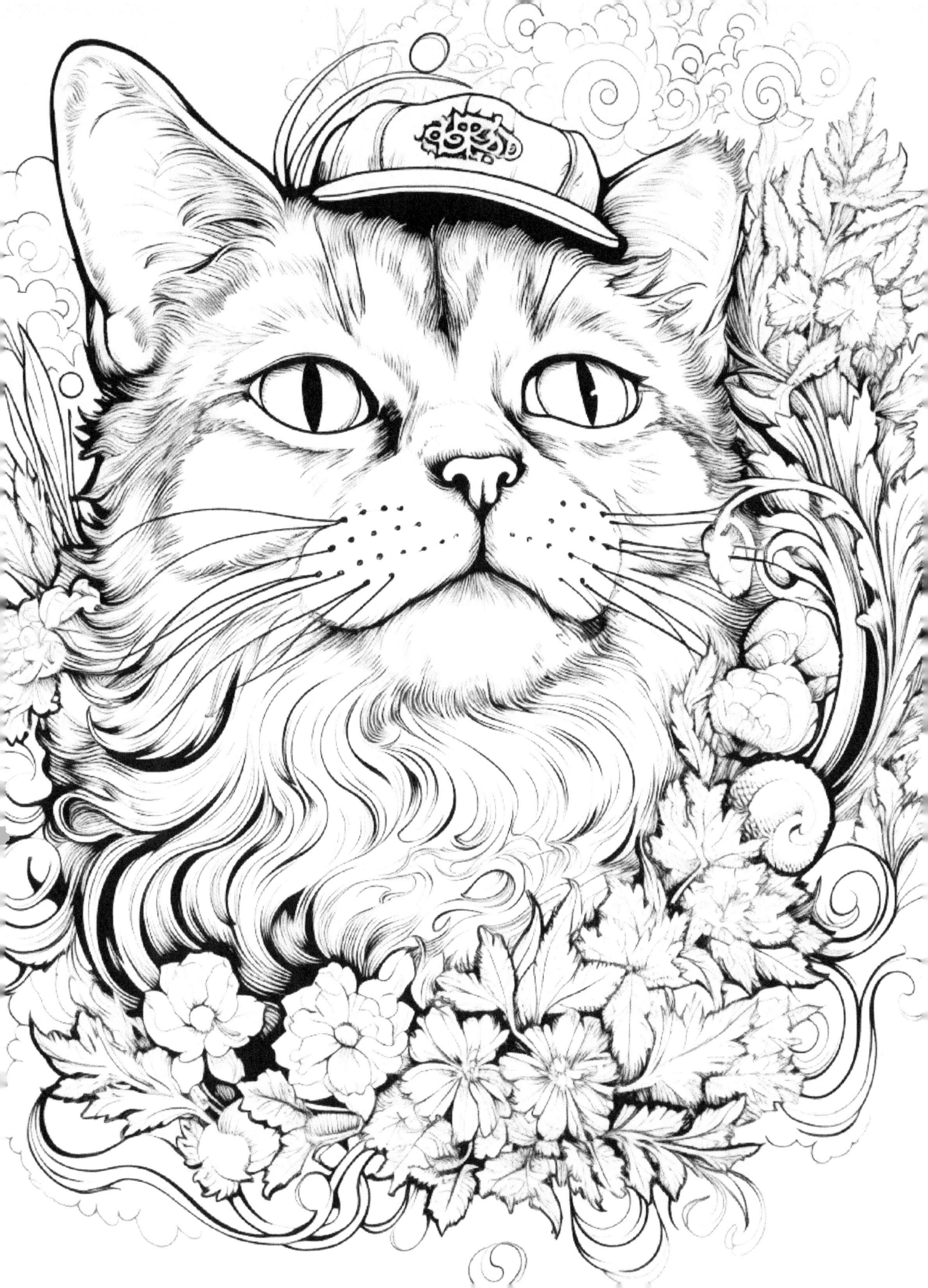

SMOKE SESH

```
O J F P Y U A F Q M H I L I D I A X T K
H S B V A R O A C H J Z Q E O J M R P R
V P U C H I L L U M M L K X N F Z H E Q
T L Q Z Q T B B X N G A Z A D F S F D B
L I B M H Z N E M T B P G L P A E P I B
T F X K C B Y Y E C U T V R H E B B A W
P F R I U K S V D C B V U S R V D G C L
Y Y R P D S V U I B L P H E D U S U H G
Y B M F O T H I C L N H E B E B D Q R C
H E S D O B U F A U A U N R L Q A H O T
H O D Y B H T A L N T O E B Z V O H N S
G D I H I D C S K T T H I I I S F I I C
L H S V E I G N E S U D T T I C O A C K
E H D W D G A L M L E F A F I J Q W O J
G K M N D S E C V D S X M C J X Z J X
A Z I U G L T T D A B S I T F A D E D H
L T O F I Y W Y I M A R Y J A N E W B K
I L K V C N U C B C C A N N A B I S K K
Z V E R J B L J N V K A P I P E S K D D
E D T Z T A T E T R D Y H G H G K E B D
```

BAKED	BLUNT	CANNABIS
CHILLUM	CHRONIC	DABS
DANK	DEVILS LETTUCE	DOOBIE
EDIBLES	FADED	GANJA
HASH	HEMP	HERB
INDICA	JOINT	KUSH
LEGALIZE	LOUD	MARYJANE
MEDICAL	PIPE	PURP
REEFER	ROACH	SATIVA
SPLIFF	STICKY	STONED

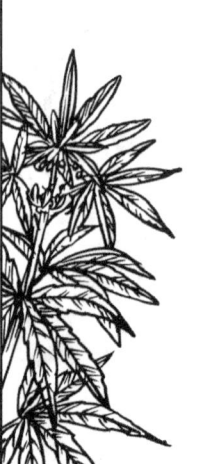
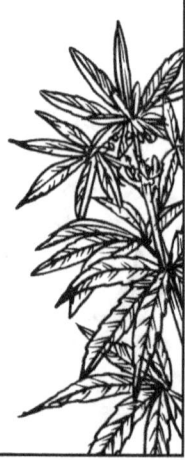

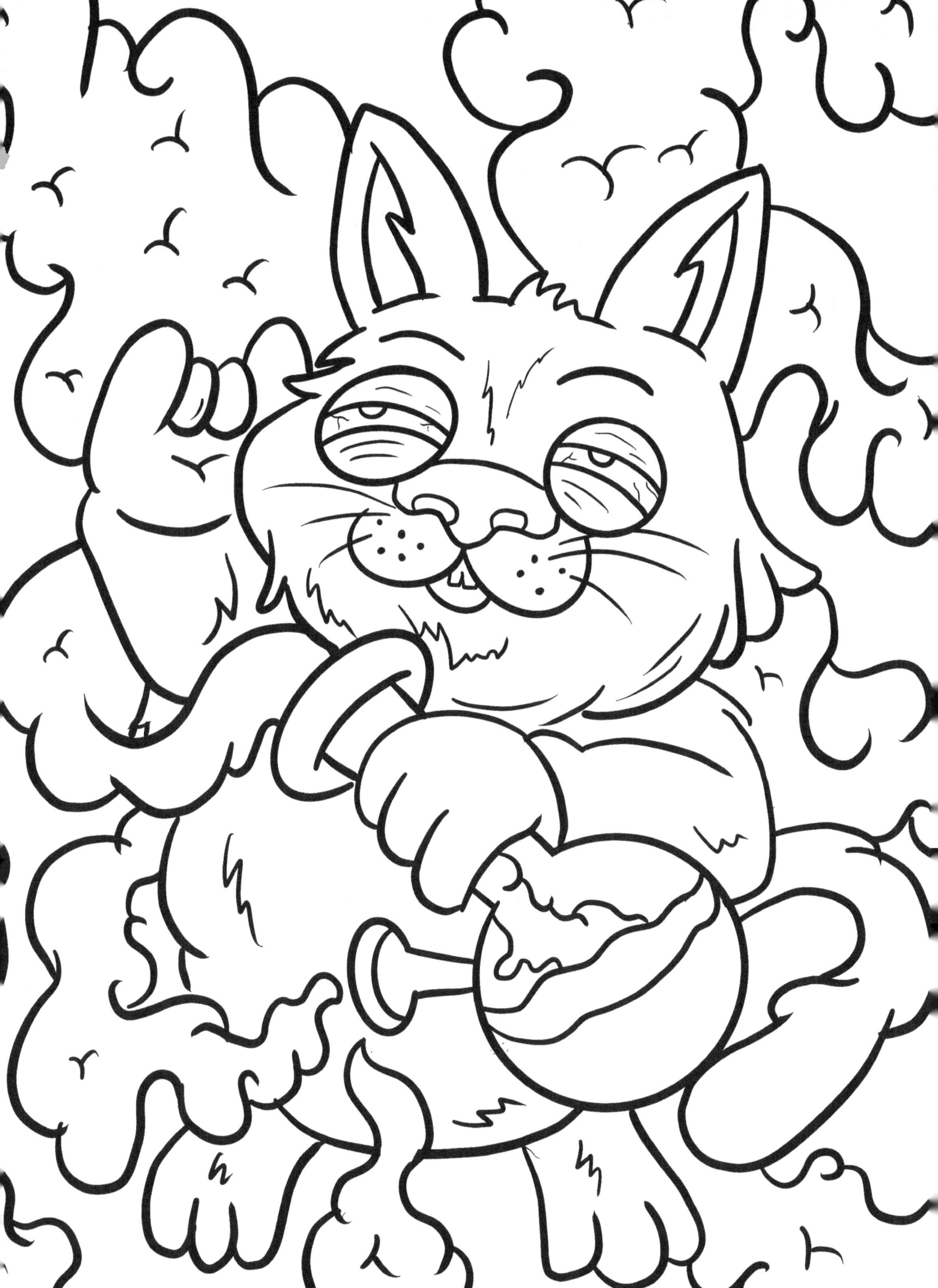

Very Hard

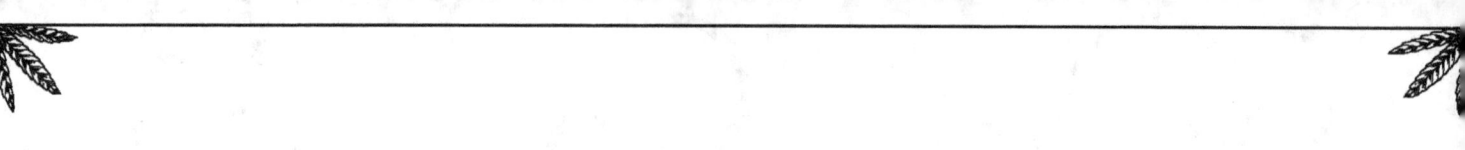

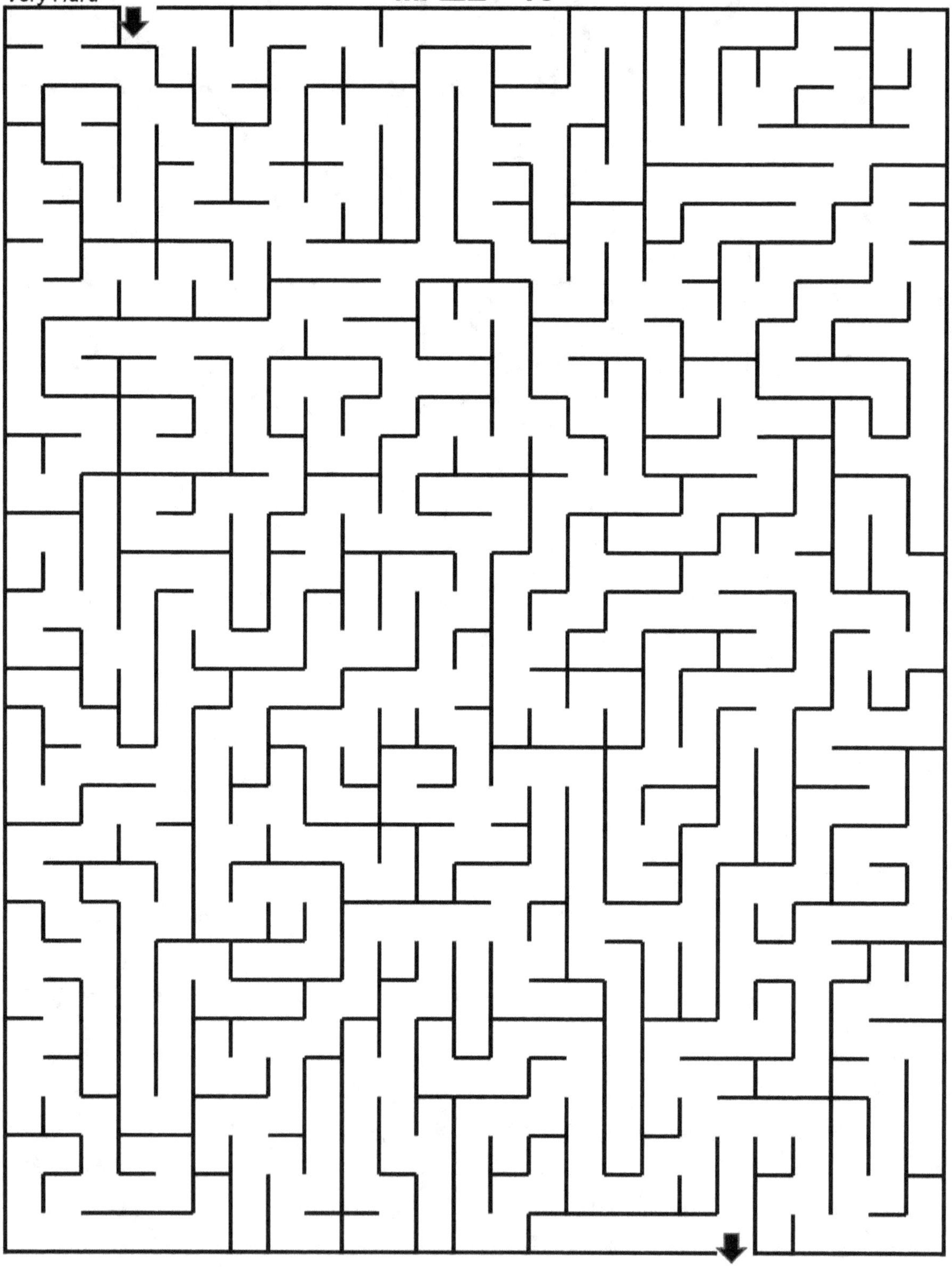

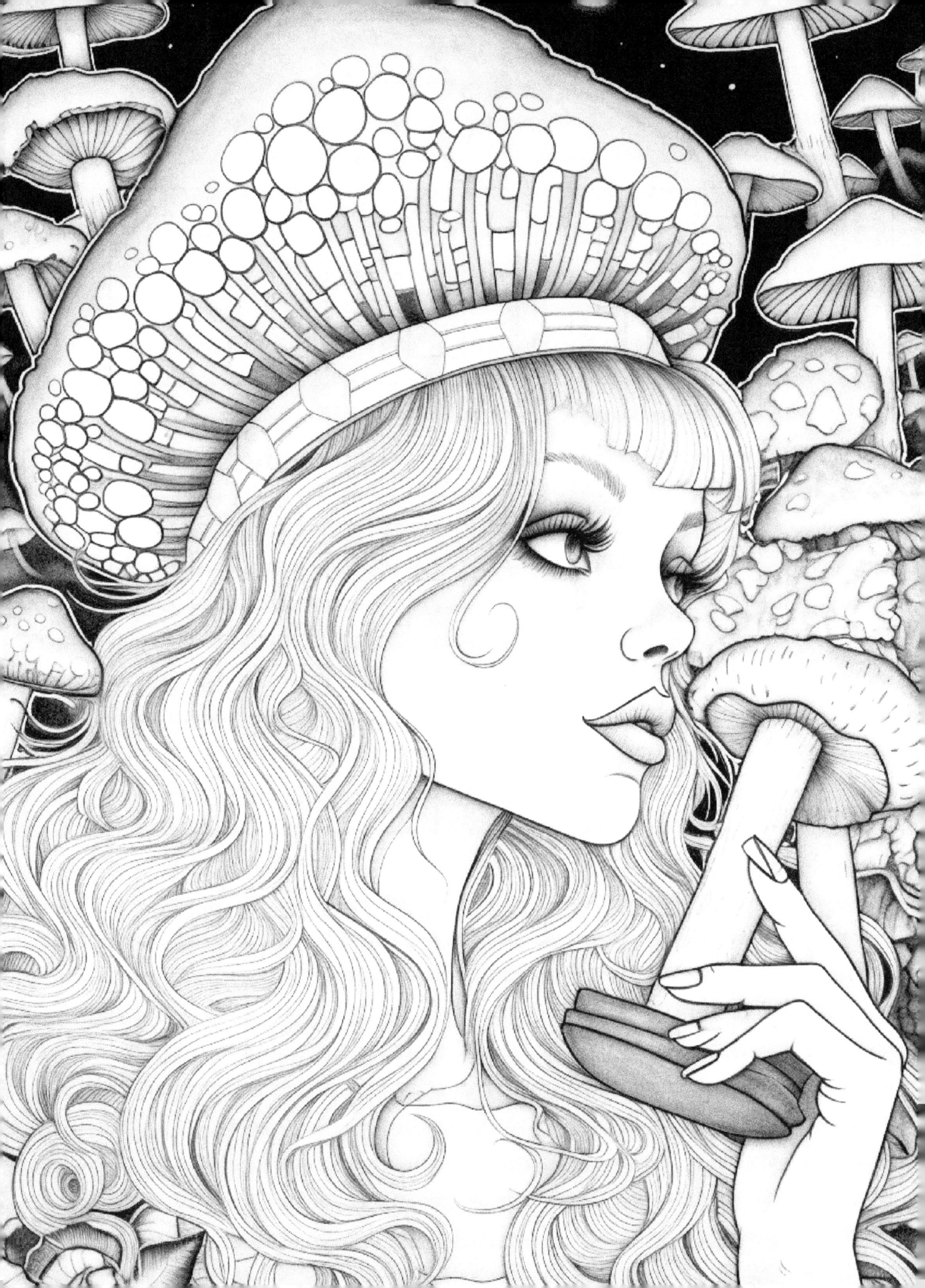

Very Hard

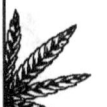

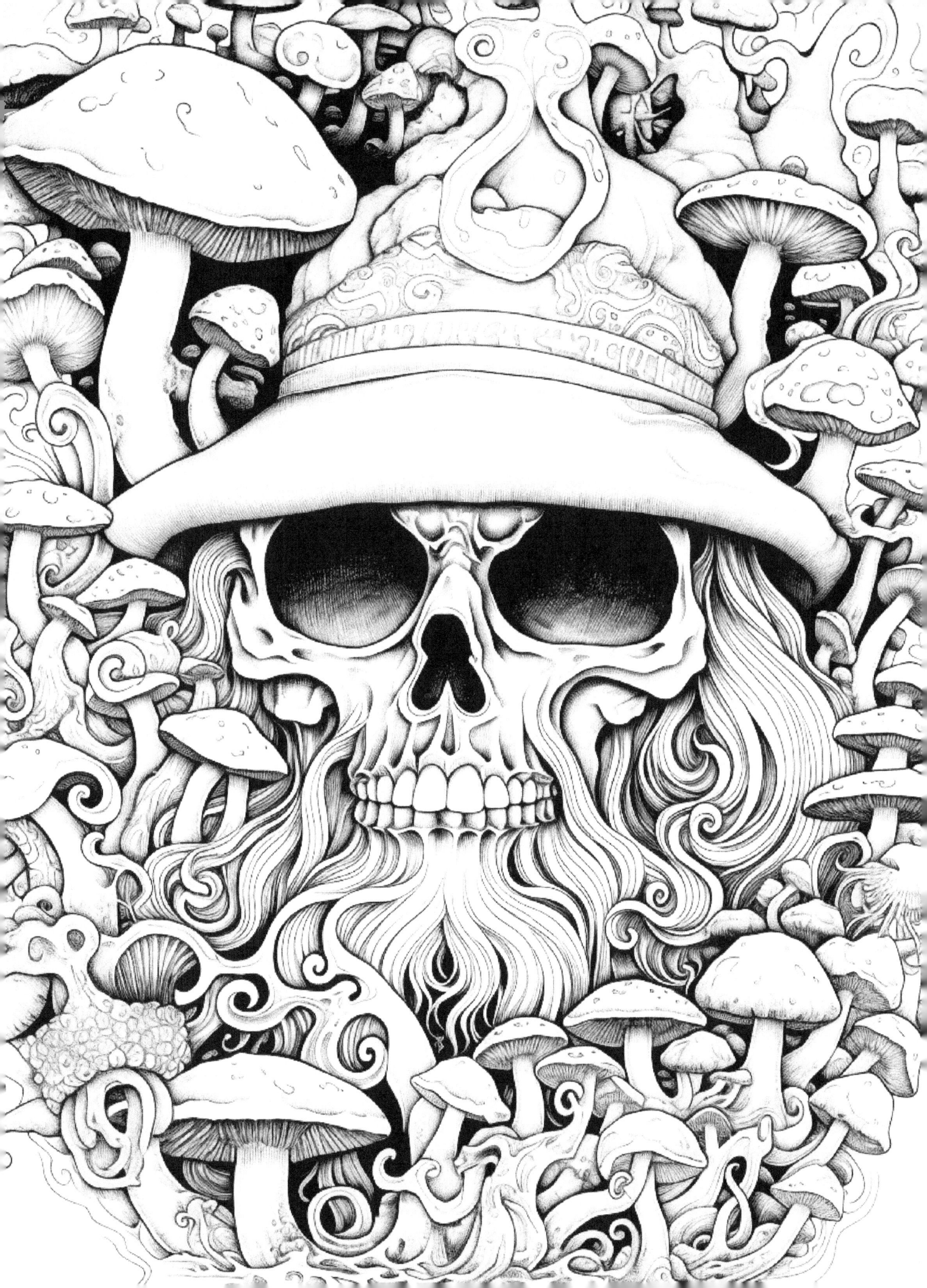

THE WORLD OF WEED

```
S O L G I M N B X E X T R A C T M T F D
B R E E F E R D M A R Y J A N E T Z C G
E L S C J E Z A C D T H X O S W I W A E
M O U O P U D N N G U C I W T J N A N M
U A C N P R M K M U M H F W A B C K N A N
N L D C T O N G T J O I N T S E T E A R
C I O E F L O W E R K Y O H H I U A B I
H V O N J E I G Y F I K R L M F R N I J
I E B T R E D J R P R C I V A P E D S U
E R I R C K B I S I A C H E X D N B X A
S E E A L I C B B N K H O F B F A R N
K S X T J N Q K G L H D A I M Z H K Z A
J I X E E H C A Y R E A E L L E R E N H
O N E Y U C K X R O M V S R O L D T O P
U Y E A Y P H U Y A A H P H G L U I X P
A S R N K J P D S C H L W N C H O M F E
R V Z H Y B R I D H A S O S A T I V A G
I I N D I C A Z X Z L S T R A I N E V H
Y G C I Q T E R P E N E S M N Y P A M I
X W F E R A L H E M P W R O S P A R P E
```

BLUNT	CANNABIS	CHILLUM
CONCENTRATE	DANK	DOOBIE
EDIBLE	EXTRACT	FERAL HEMP
FLOWER	GRINDER	HASH
HYBRID	INDICA	JOINT
KIEF	KUSH	LIVE RESIN
MARIJUANA	MARY JANE	MUNCHIES
ONEY	PAKALOLO	REEFER
ROACH	SATIVA	STASH
STRAIN	TERPENES	TINCTURE
TRICHOME	VAPE	WAKE AND BAKE

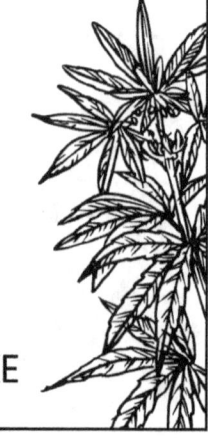

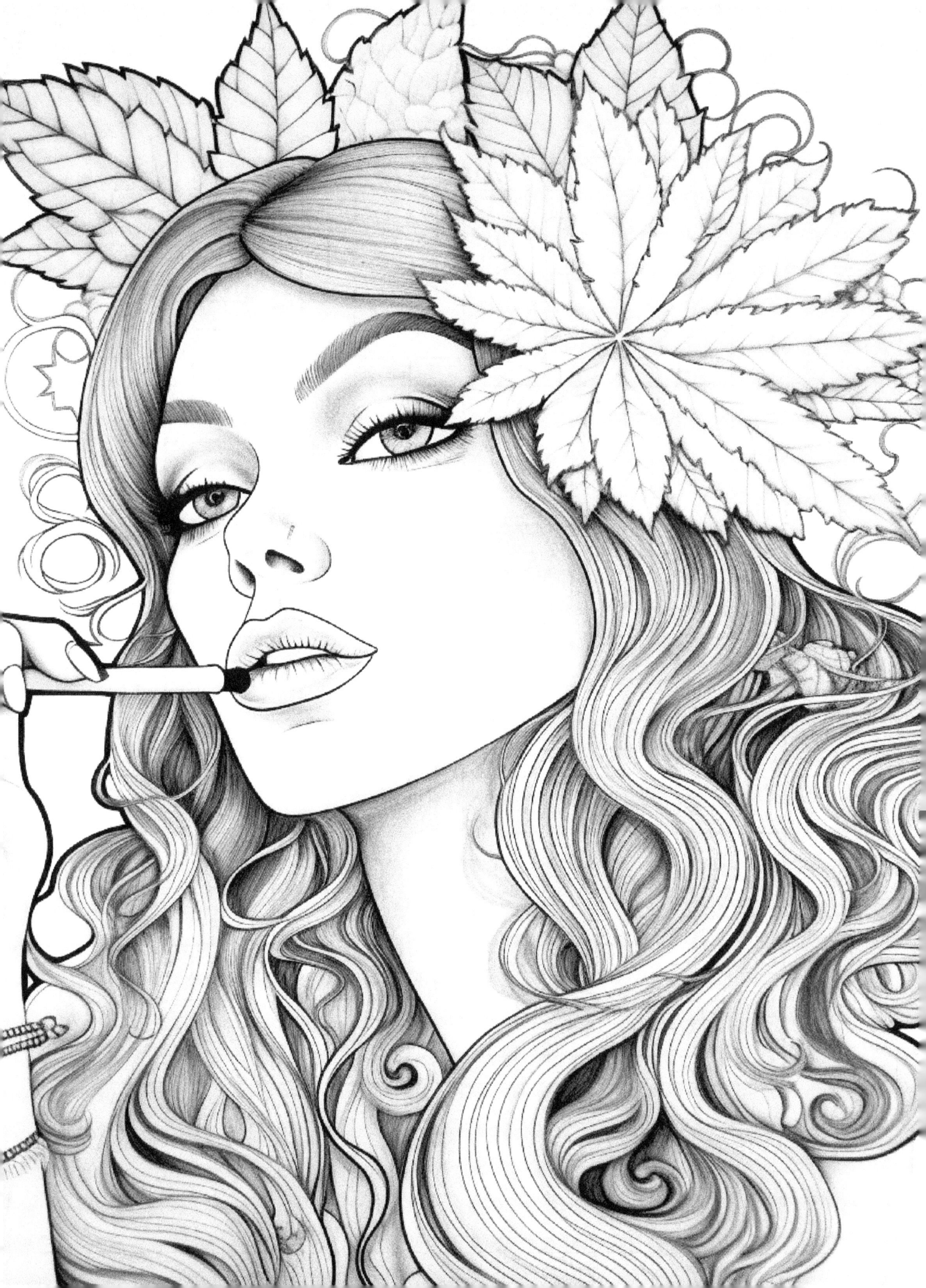

Very Hard

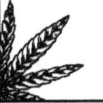

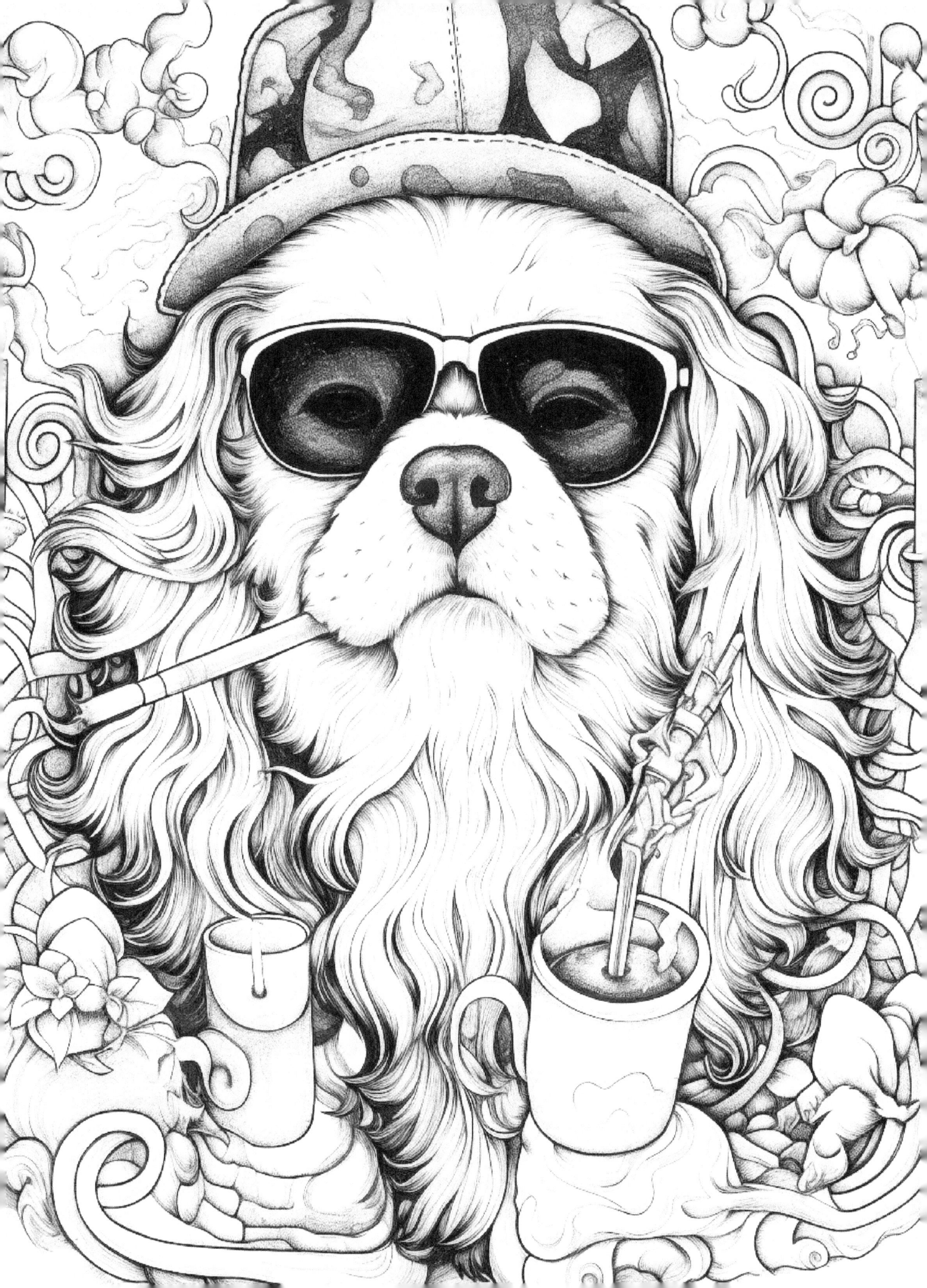

Very Hard

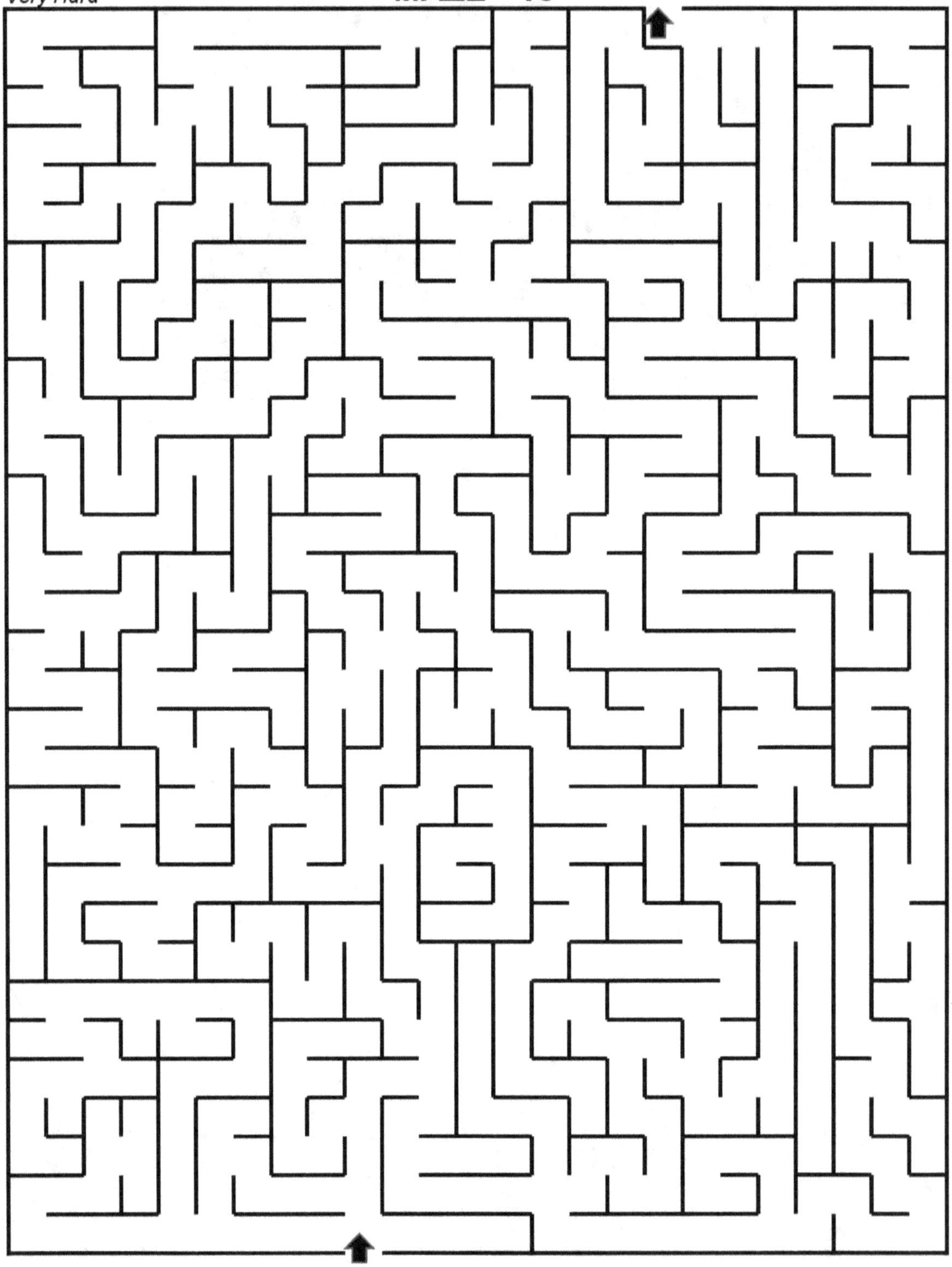

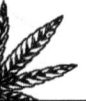

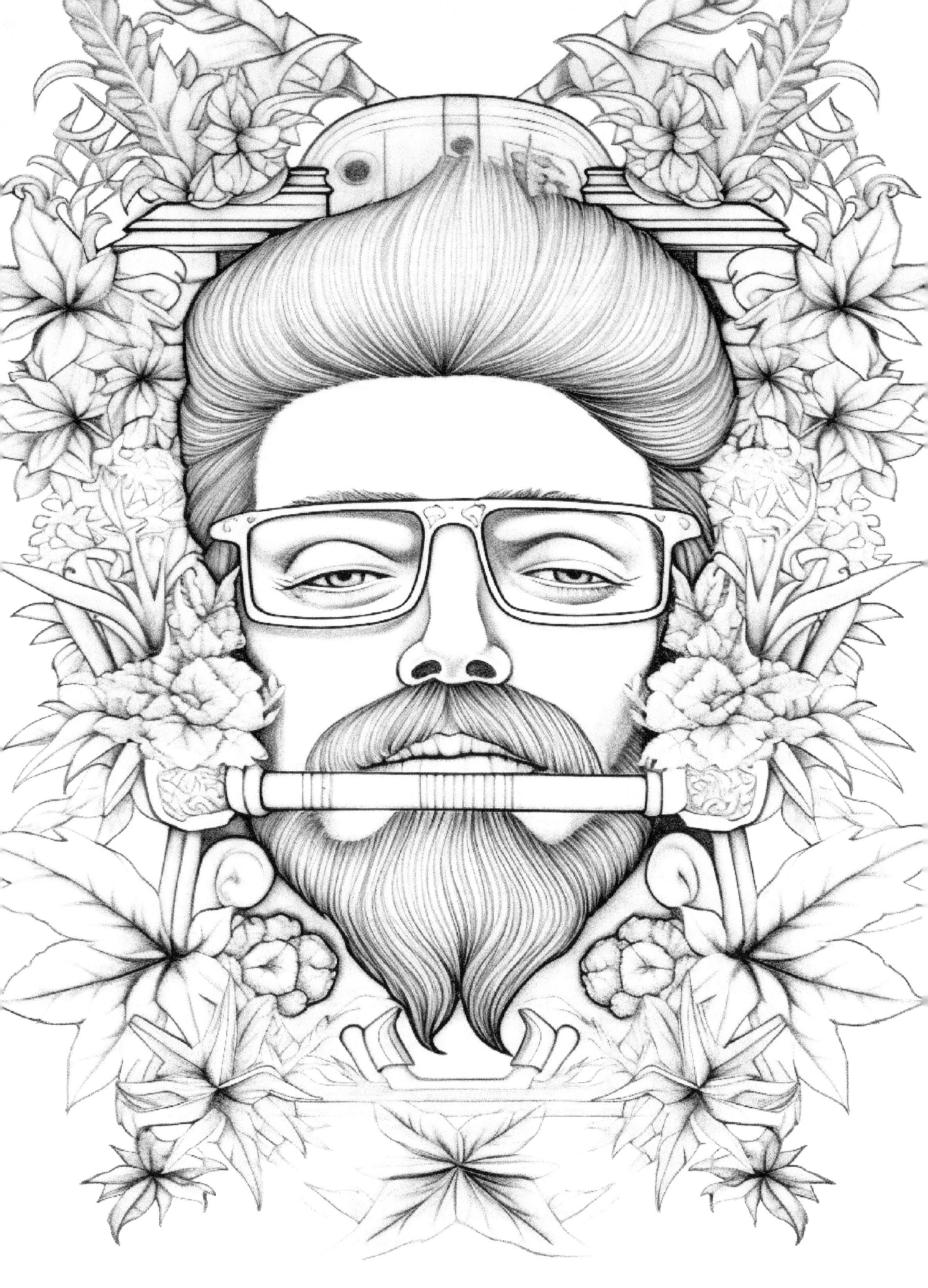

MAZE - 19

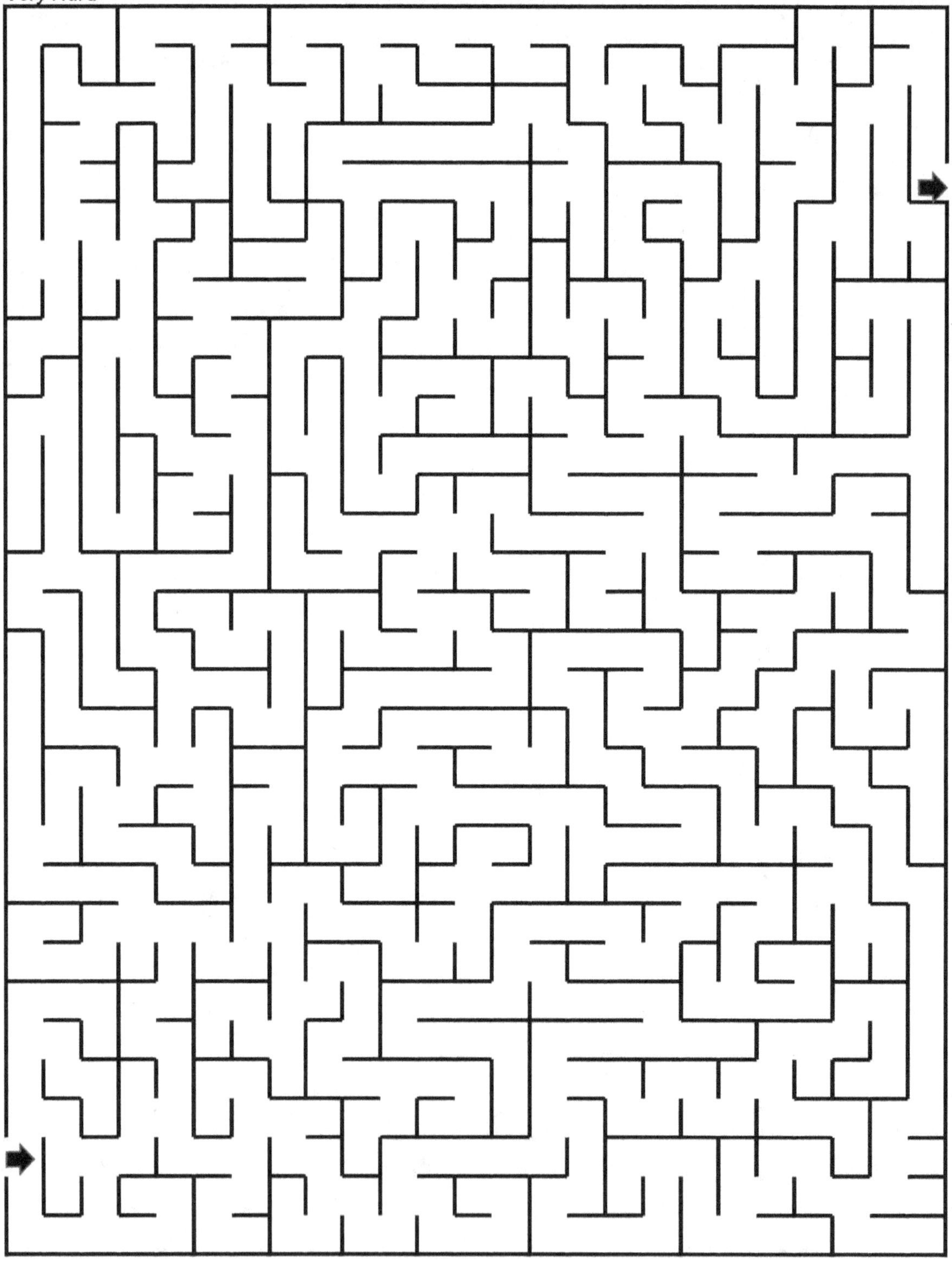

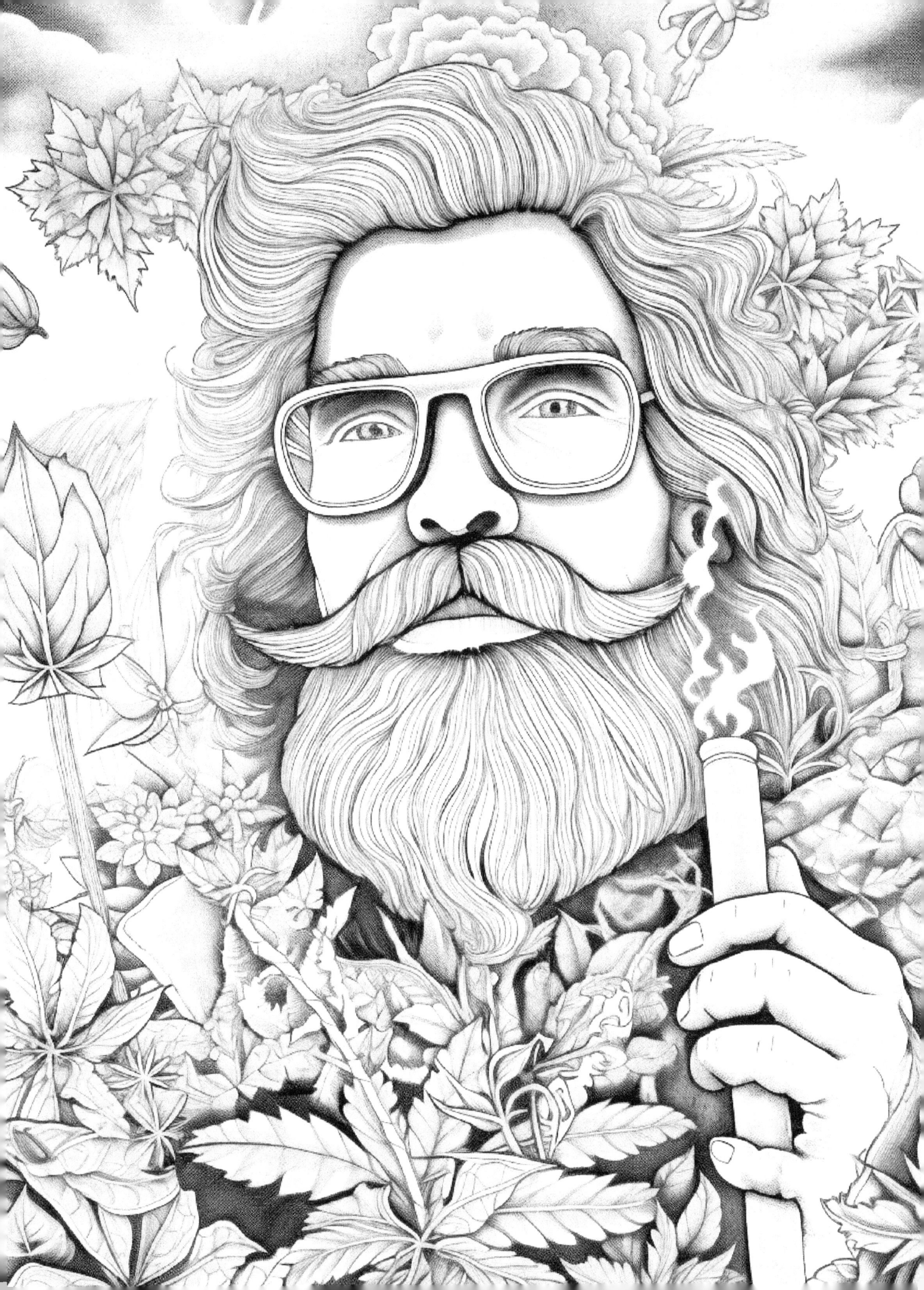

MAZE - 20

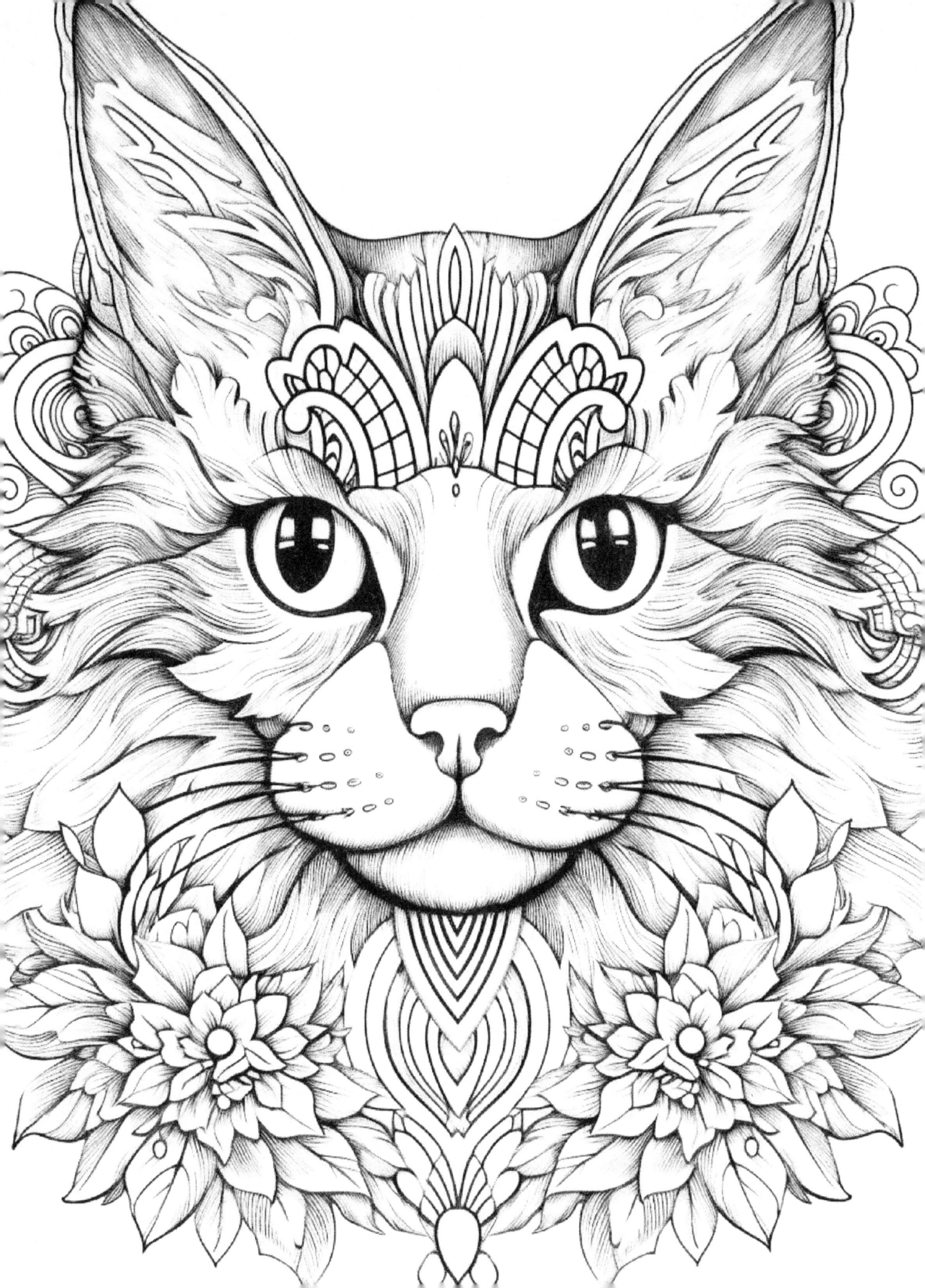

Very Hard

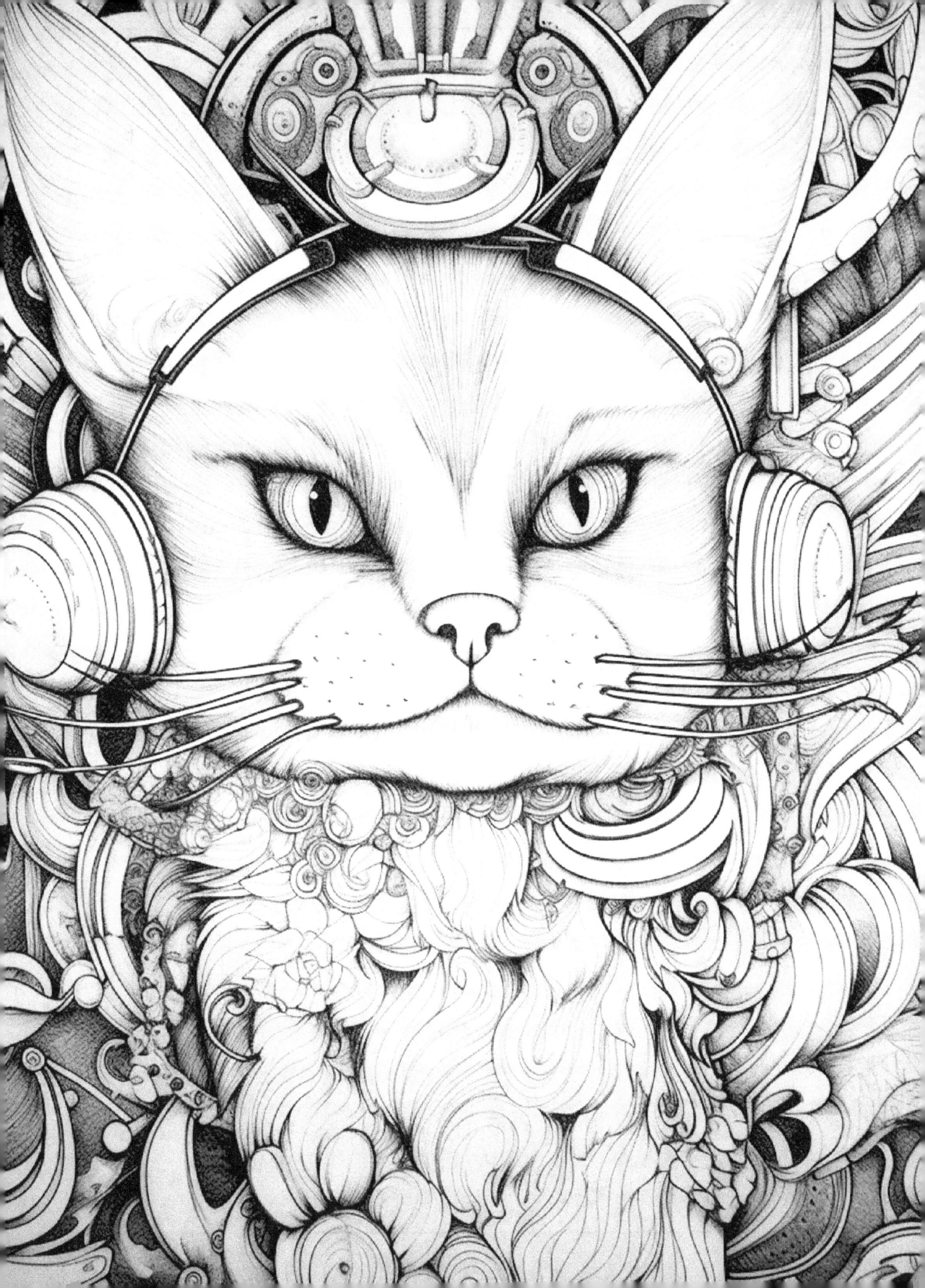

MARIJUANA

```
S E S C A N N A B I S R Y Q W Y M Z E I
T M B L U E D R E A M P D K Z Y M W K T
V E F D M K W B D G O R W G N U J H O O
G B Y Z E N Z L I P D X E R U U P I O C
G L F Q S X M U B X I I E C S X M T N Q
O U F I R E H E L H R P O Q H C K E N R
R N P E M S S B E M H D E G Z P T F A P
R T A J R L Z E S A I O X S R G U I M Z
I S P U V I P R V R G L O O D E F R R P
L S E W N U E R B Y Z U V K X P X E P U
L Z R Q E U O Y H J H M E O A S T J I R
A O S T Y E H K Z A E N W P G H O O T P
G F T B I L D K N W Z L N H Y S I C L
L S U R X J Z S I E F H O O I S V N P E
U A U Y Z C Q H R T X B S J A R J T C U
E T B H A S H I N D I C A R Q J O S I R
V I Y T G R Z T U T X Y G A R K E I Y K
A V J V L E M O N H A Z E O D Q T G S L
J A L P U R P L E D R E A M G D T I E E
J D Q V A P O R I Z E R X R G Y K H J A
```

BLUE DREAM
BONGS
FIRE
HASH
INDICA
MARY JANE
PURP
SATIVA
WHITEFIRE

BLUEBERRY KUSH
CANNABIS
GORRILLA GLUE
HOOKAHS
JOINTS
PAPERS
PURPLE DREAM
VAPORIZER

BLUNTS
EDIBLES
GRASS
HYBRID
LEMON HAZE
PIPES
PURPLE URKLE
WEED

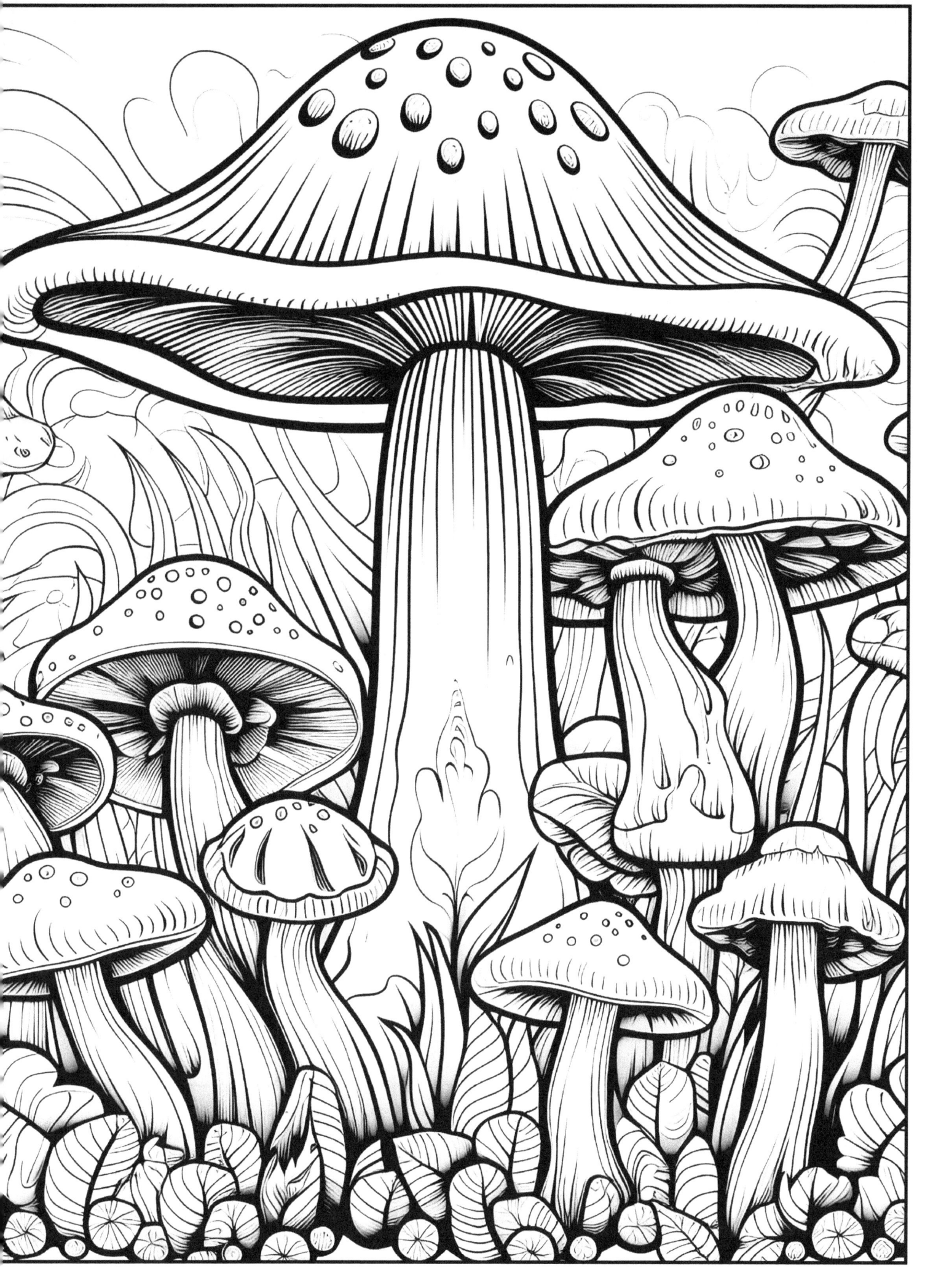

Very Hard

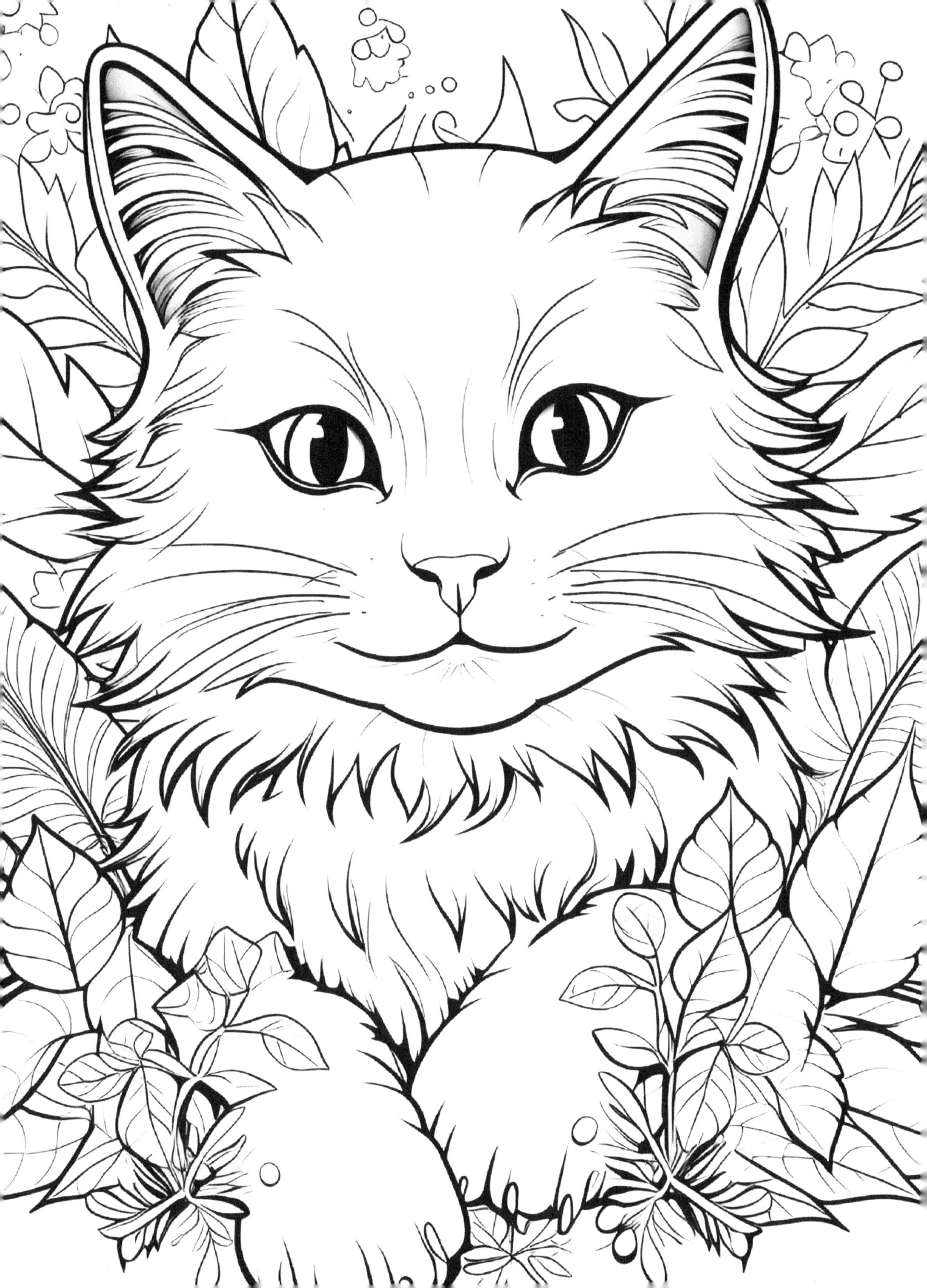

MAZE - 23

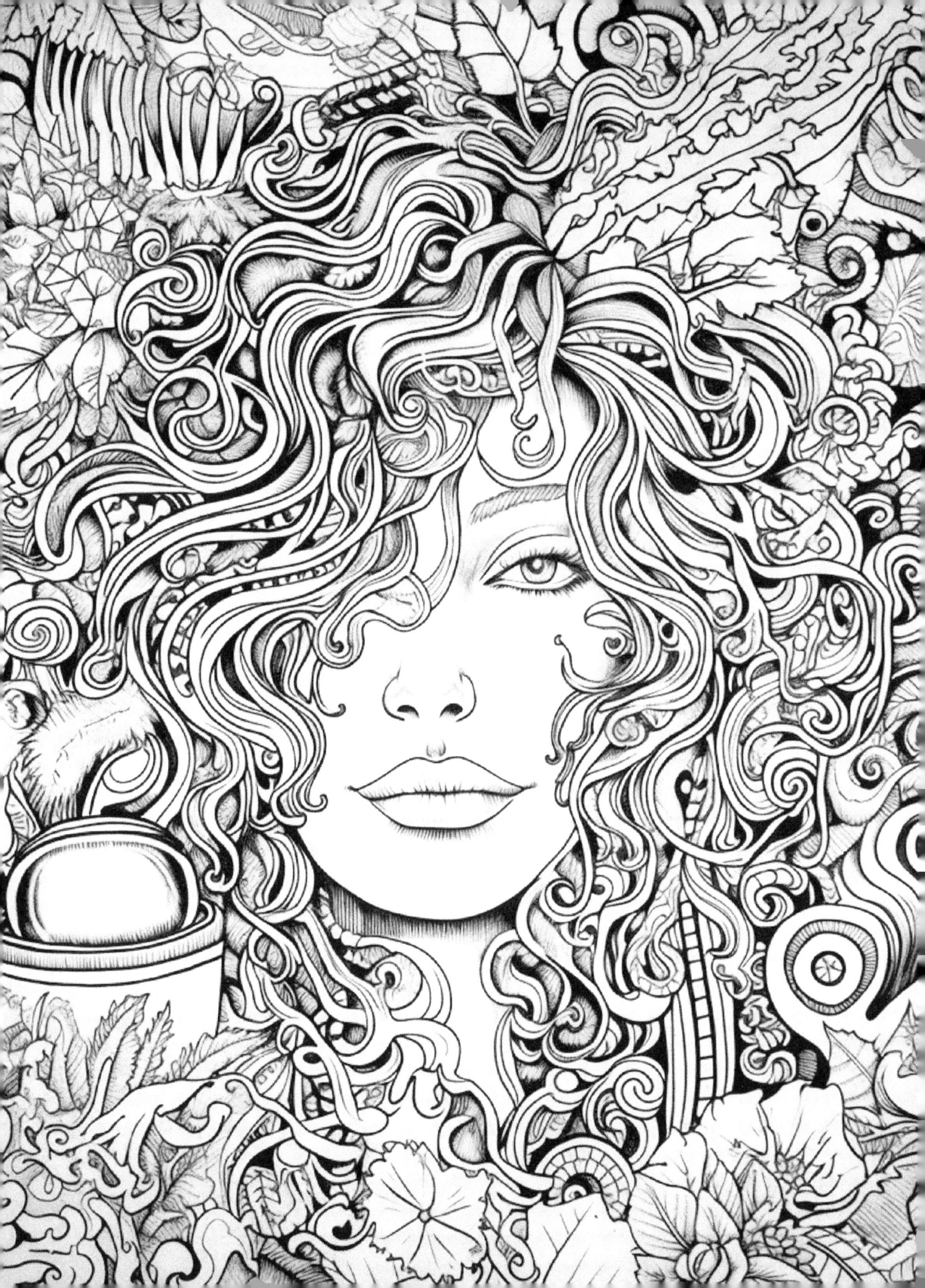

STONER

```
Y  X  K  T  H  I  G  H  Q  A  W  C  Z  D  M  A  W  I  J  G
F  Z  M  W  L  S  Q  B  E  W  V  K  F  S  O  Q  C  F  Q  C
P  H  M  Q  E  V  A  F  B  T  X  U  H  E  Z  L  L  T  Z  H
Y  J  Y  R  C  D  R  L  D  L  N  H  B  C  D  J  W  C  D  E
P  T  Y  B  I  Y  W  A  O  K  P  R  W  J  R  R  U  R  Q  F
H  T  R  O  R  M  J  A  L  E  E  D  I  B  L  E  A  A  L  G
A  Y  G  Z  G  I  M  V  X  C  F  V  A  E  W  I  M  Y  D  I
V  Z  R  V  M  S  D  M  B  V  Q  C  O  V  F  L  E  O  D  G
H  W  D  K  F  L  K  T  Y  U  Y  D  S  A  H  W  D  N  F  I
M  W  P  P  I  K  Q  K  L  N  Z  U  A  C  U  S  I  N  B  O
F  T  P  U  I  M  C  D  B  Y  K  I  T  J  F  C  C  A  O  J
S  V  D  Z  T  N  E  A  S  Q  Y  Q  I  L  L  F  A  B  N  I
J  V  T  V  R  S  D  T  N  F  G  I  V  N  C  A  T  I  G  U
U  C  R  W  U  G  D  I  Y  N  T  H  A  U  U  D  E  S  X  E
J  V  U  F  Y  W  T  A  C  W  A  X  J  N  G  J  V  D  G  T
O  I  N  G  U  N  B  Y  M  A  X  B  O  S  E  U  S  Q  Y  L
Y  I  R  Q  U  J  T  F  Y  Q  S  F  I  J  T  I  V  P  P  V
D  Q  I  L  P  U  Y  S  E  W  G  L  N  S  H  B  X  N  N  G
E  S  B  N  L  X  S  T  O  N  E  R  T  P  X  J  E  B  Q  Z
I  C  R  B  E  Q  Z  G  R  J  R  D  Z  R  L  E  N  X  T  C
```

BLUNT

BONG

CANNABIS

CHEFGIGI

CRAYONNABIS

DAB

EDIBLE

HIGH

HYBRID

INDICA

INFUSED

JOINT

MEDICATE

SATIVA

STONER

WAX

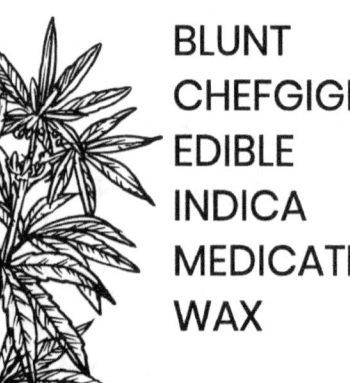
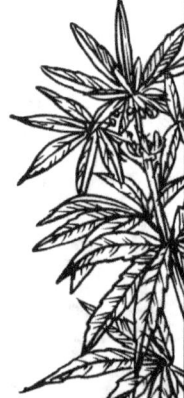

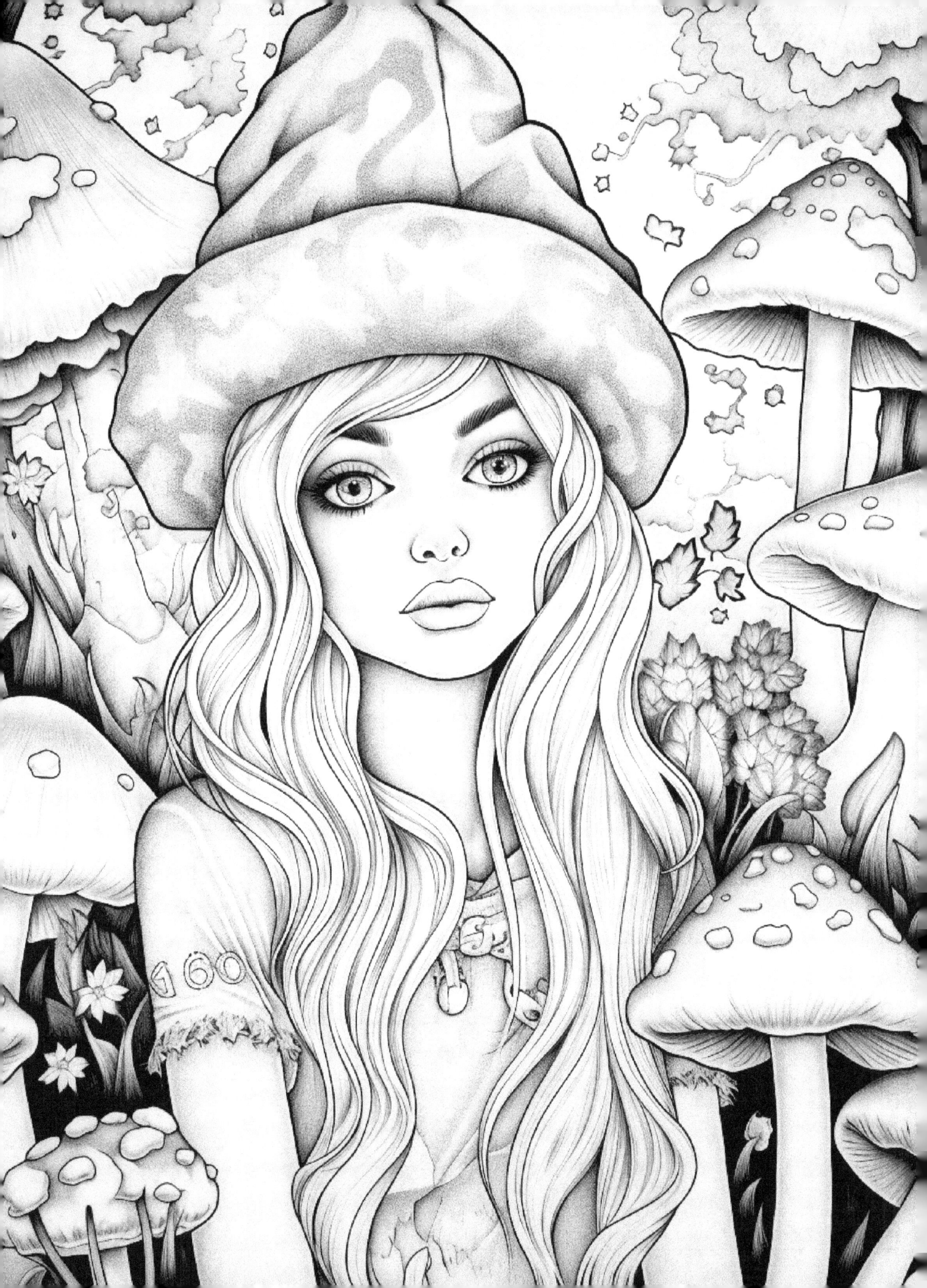

Very Hard

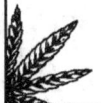

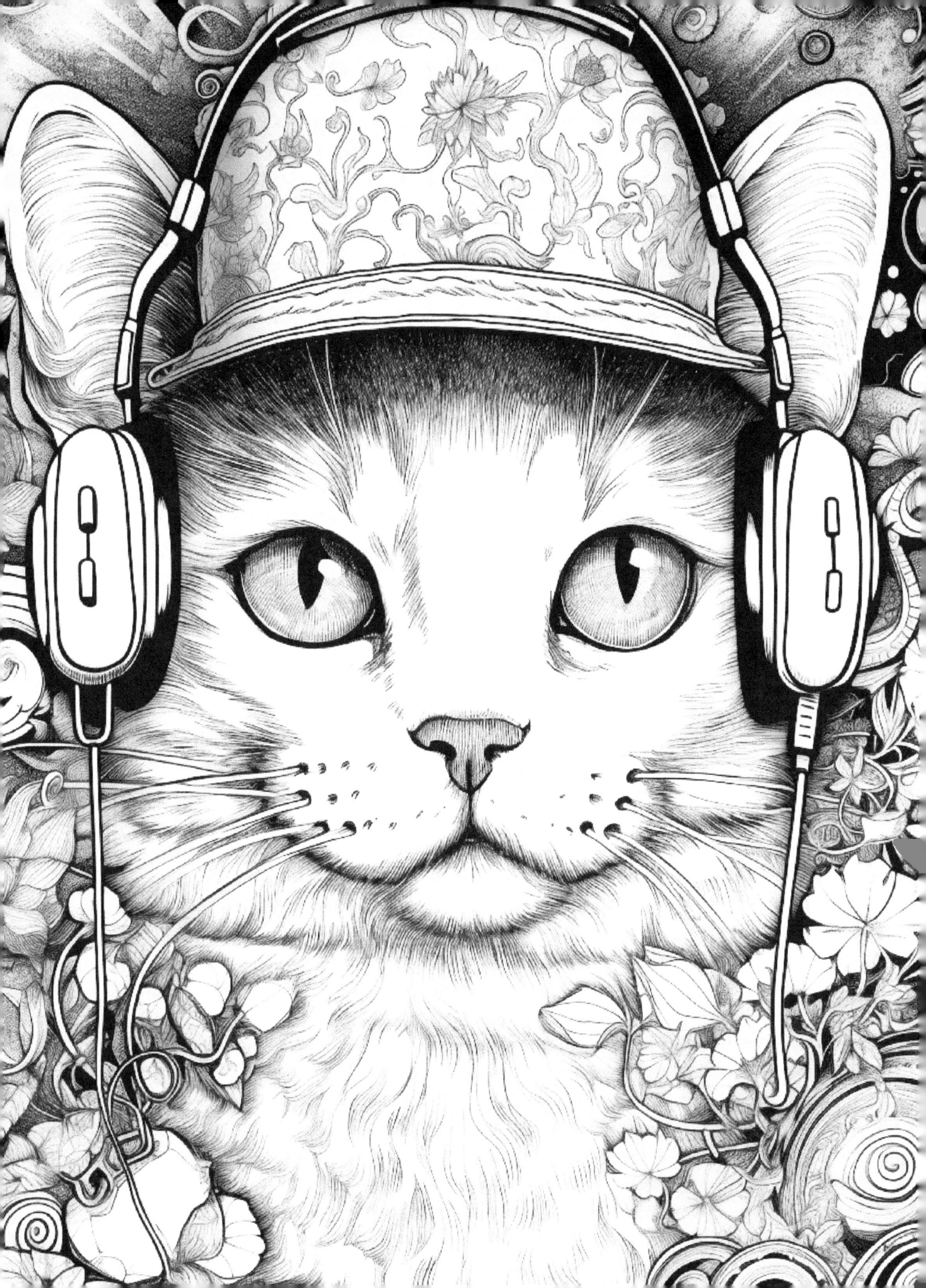

Very Hard

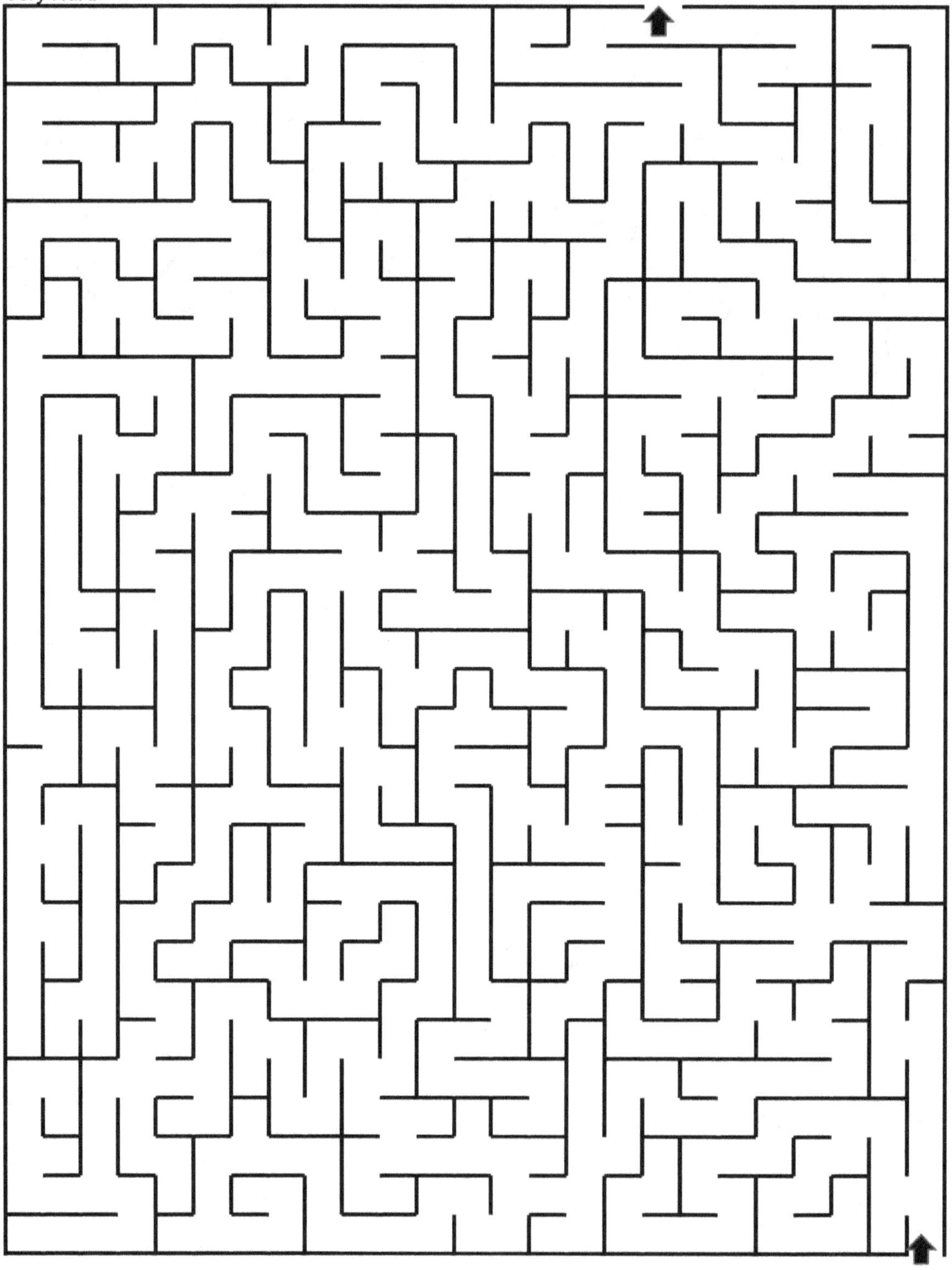

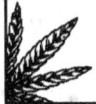

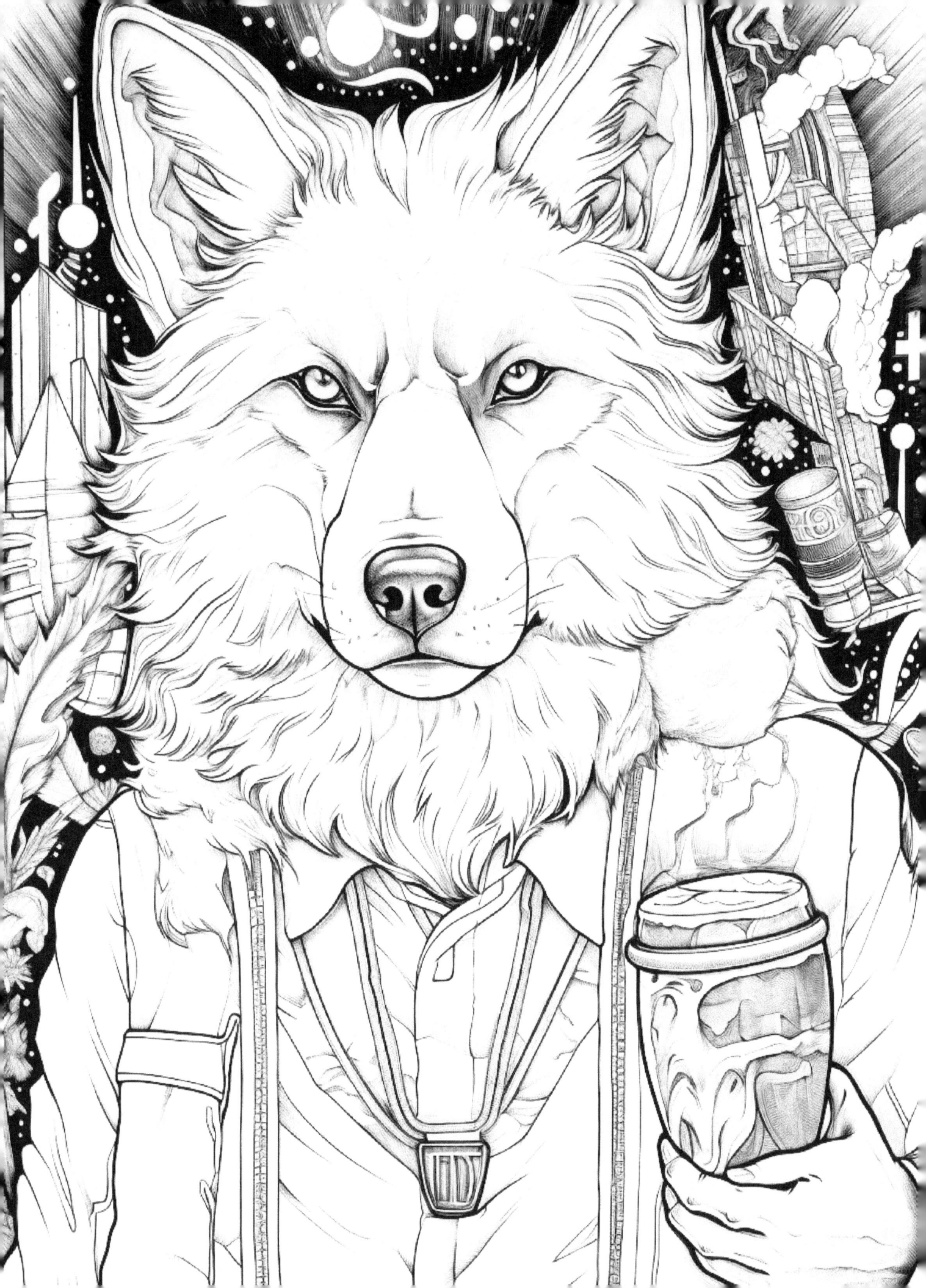

Very Hard

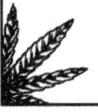

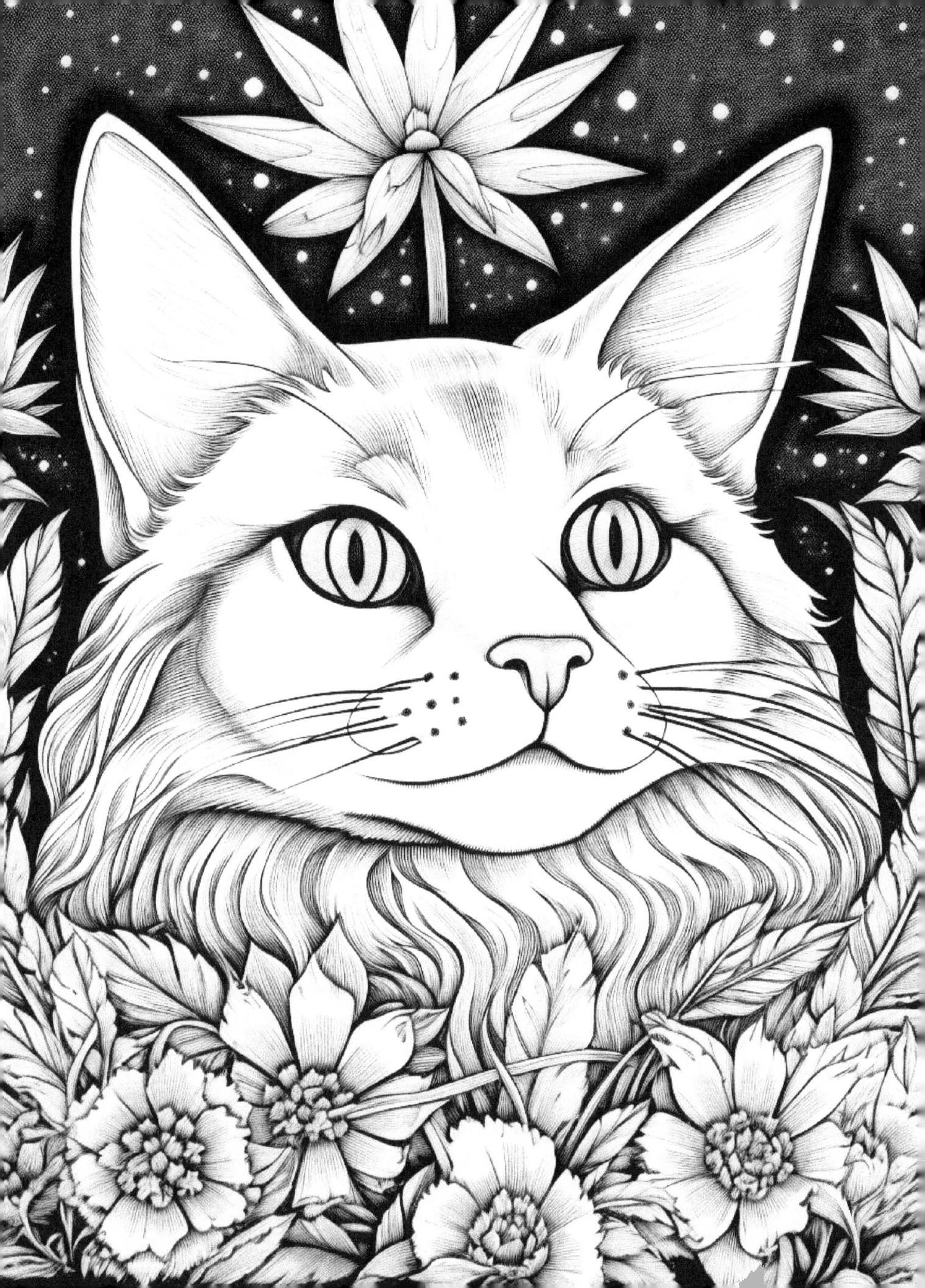

Very Hard

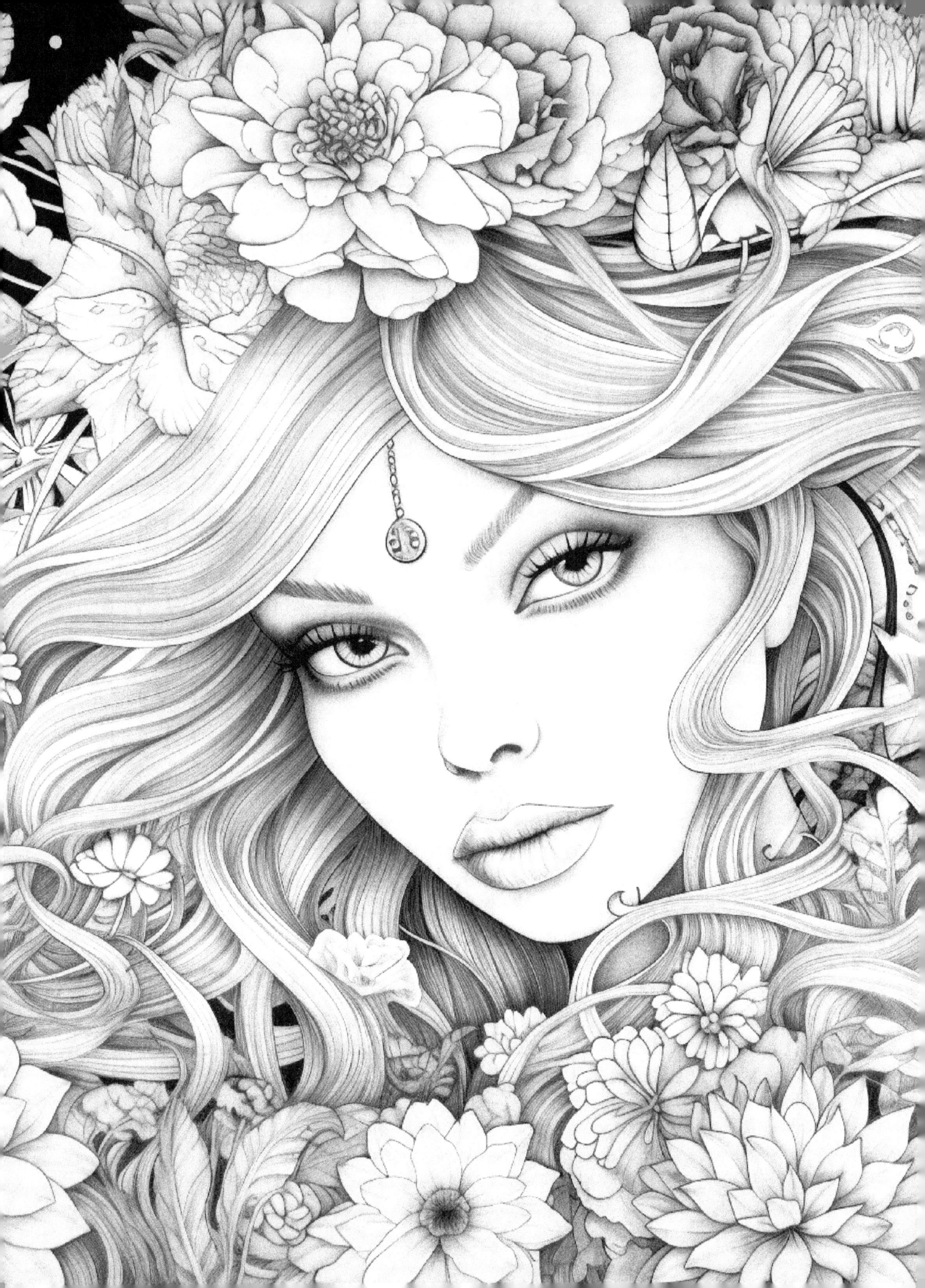

Very Hard

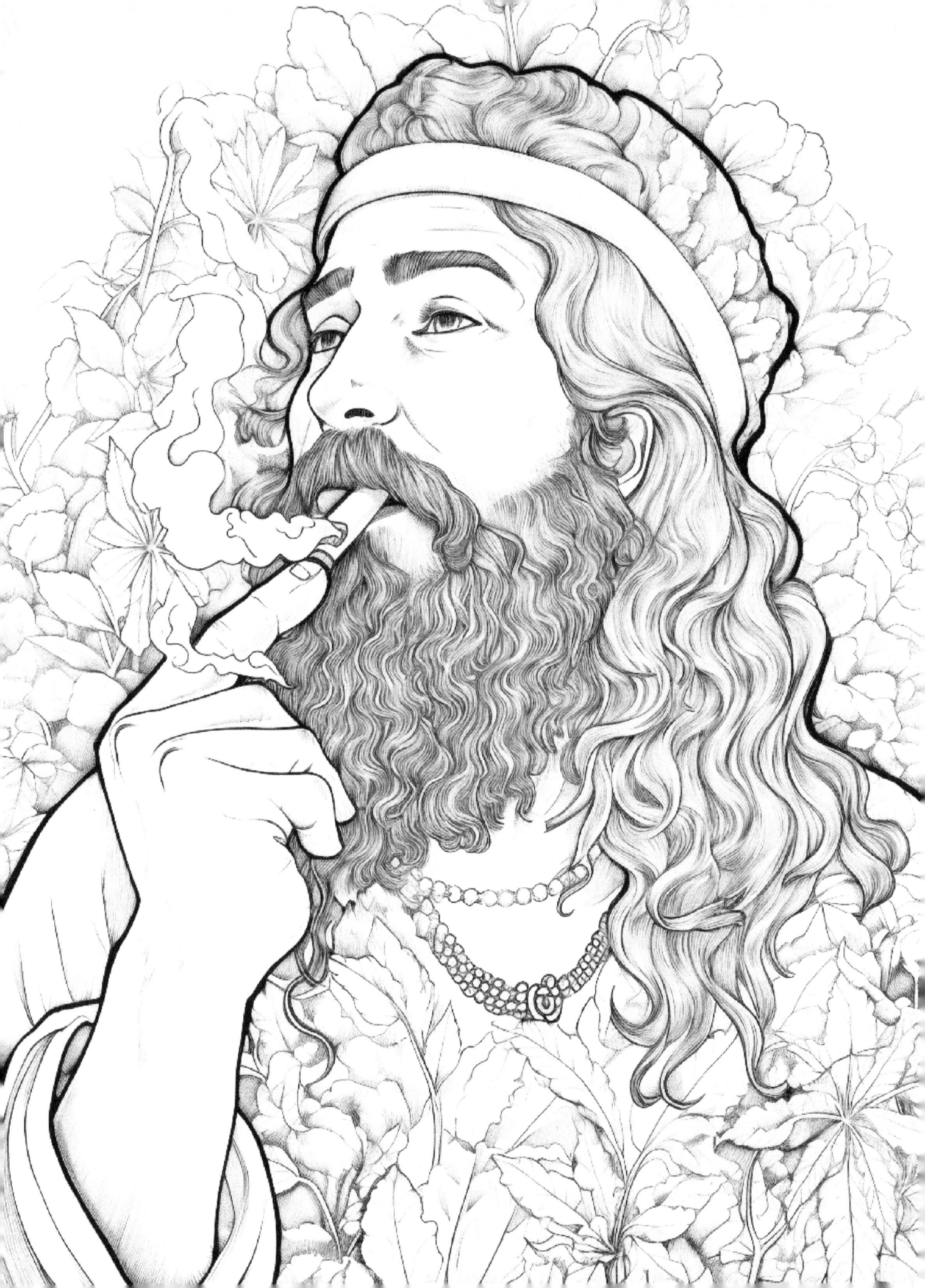

Very Hard

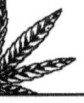
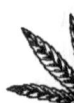

Very Hard

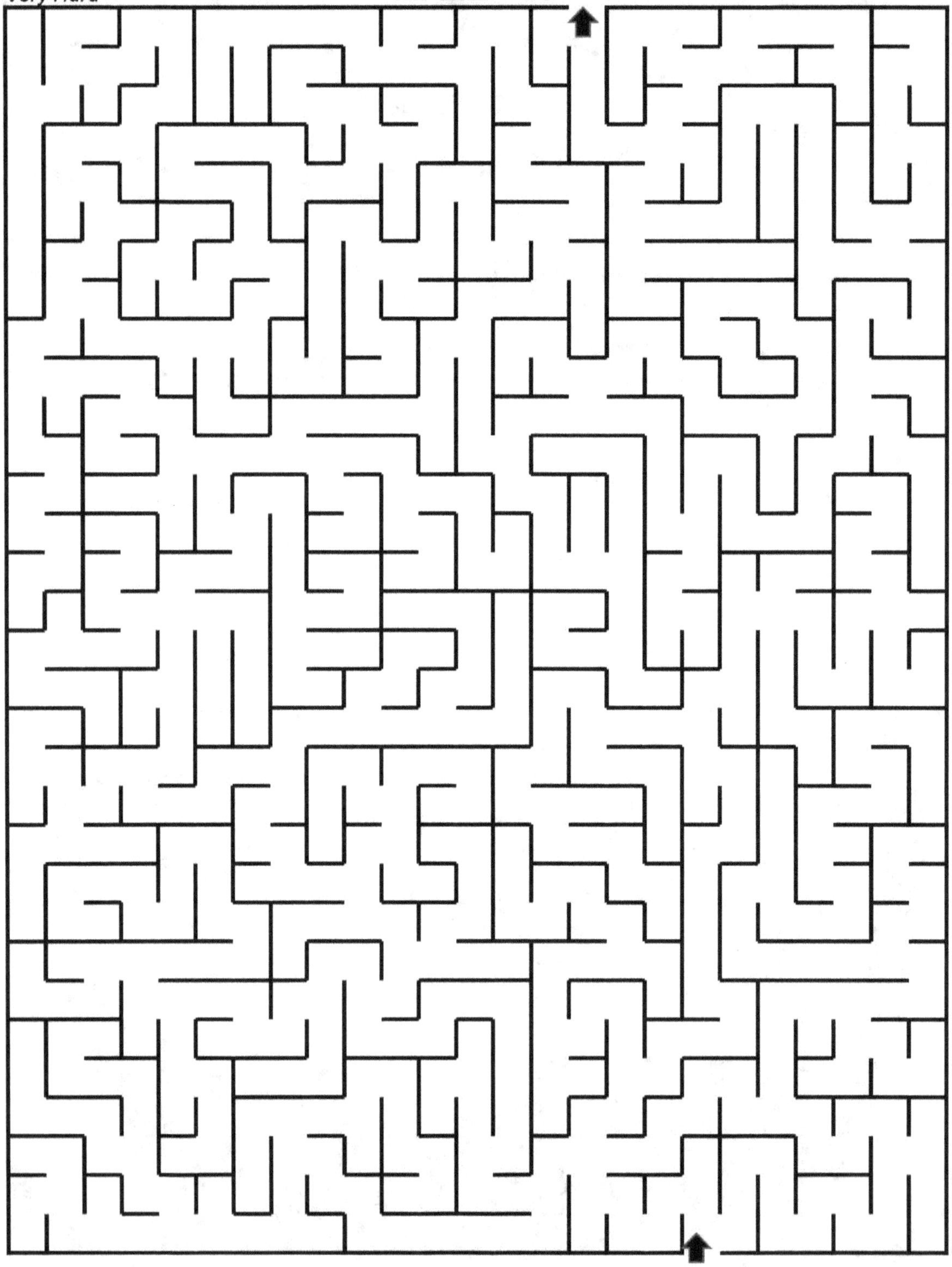

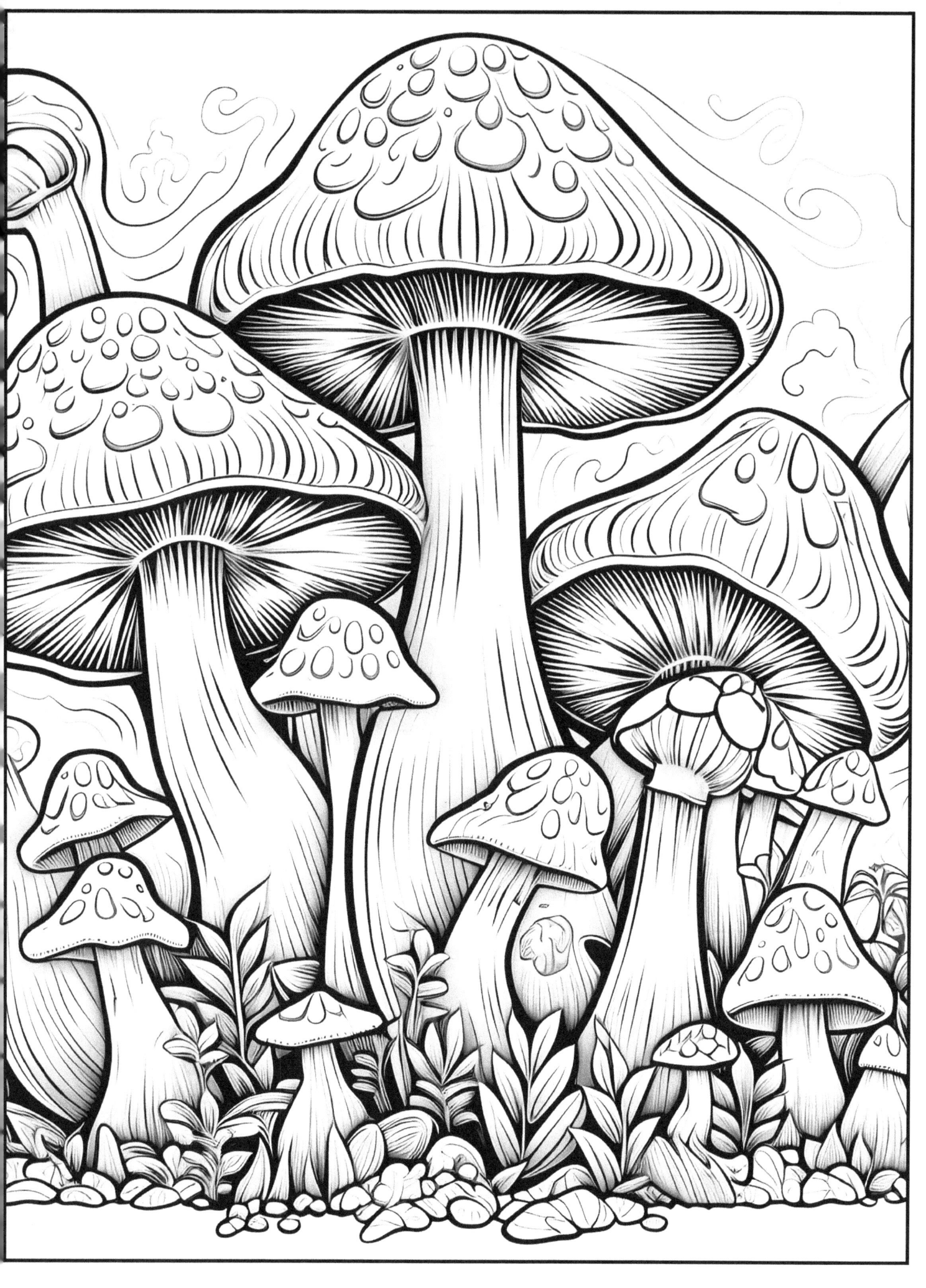

Very Hard

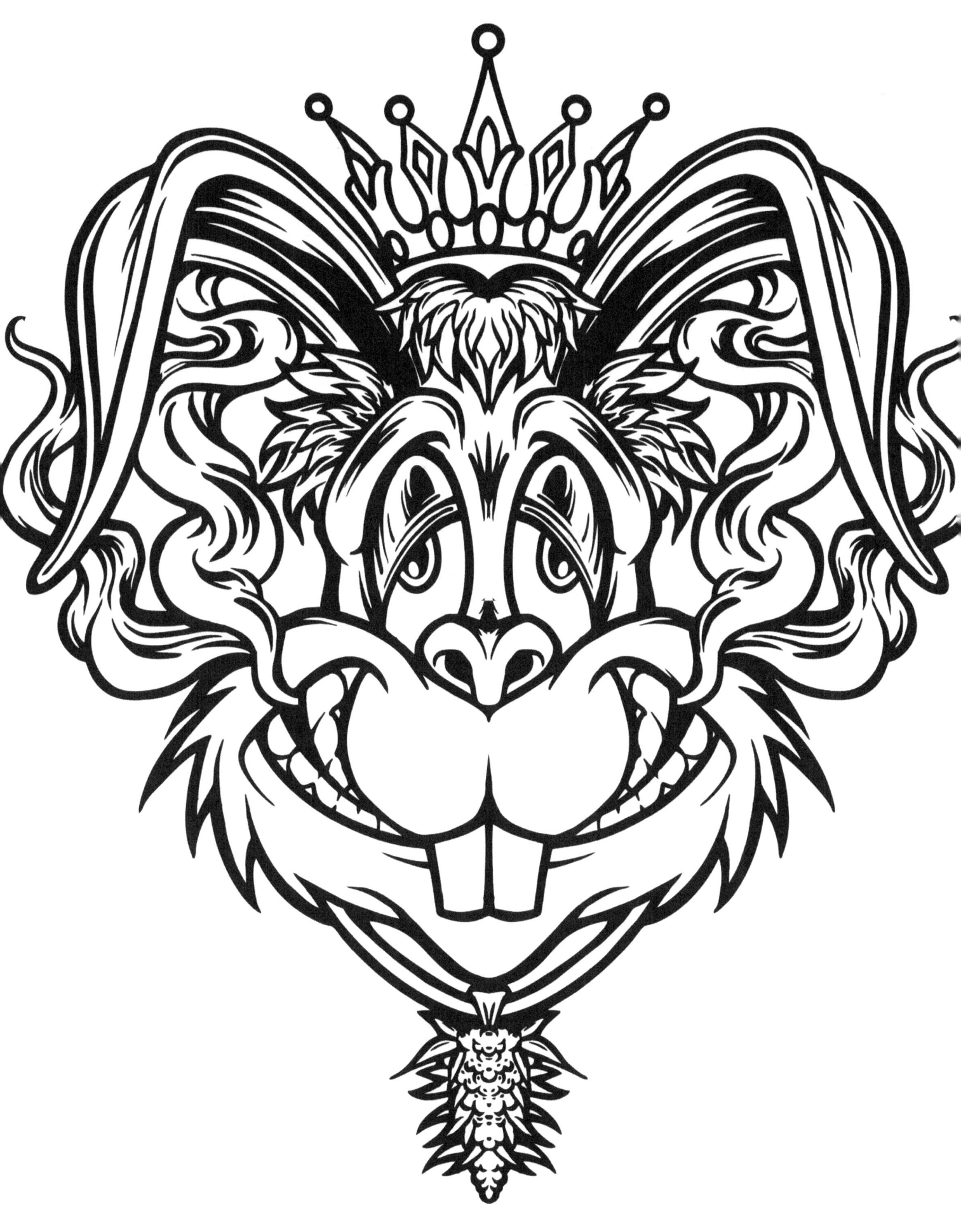

Very Hard

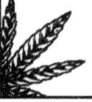

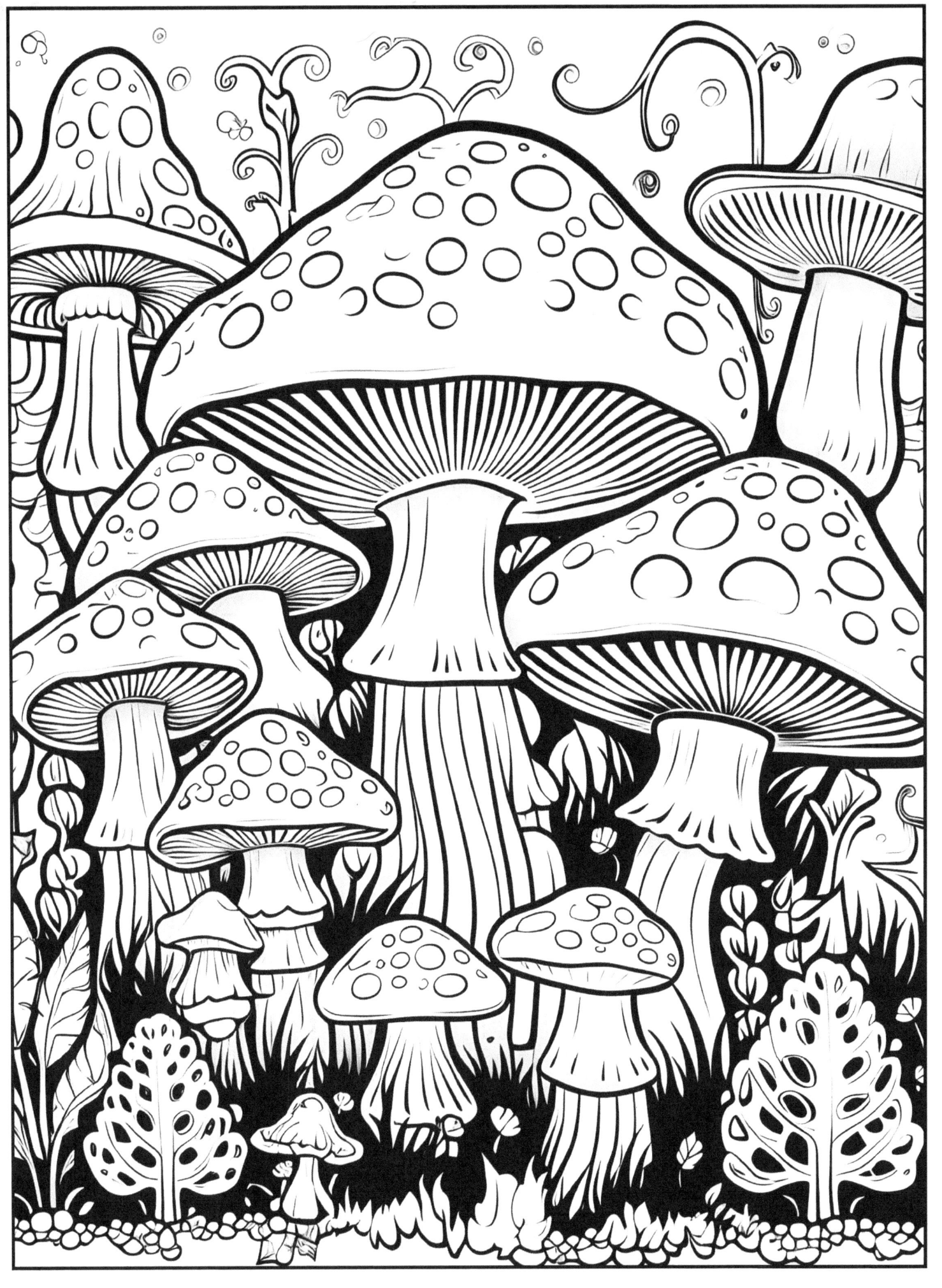

Very Hard

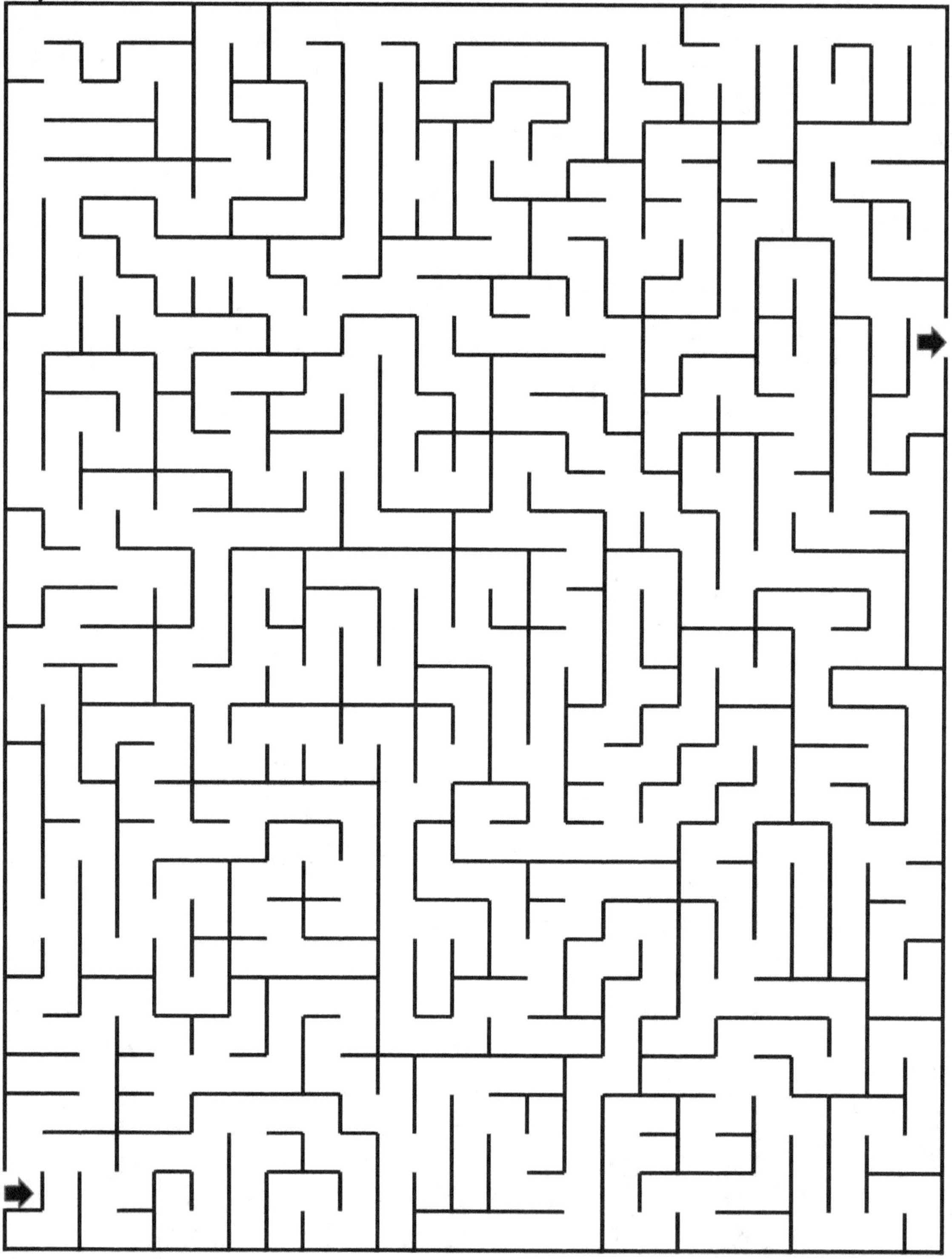

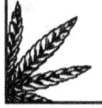
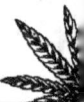

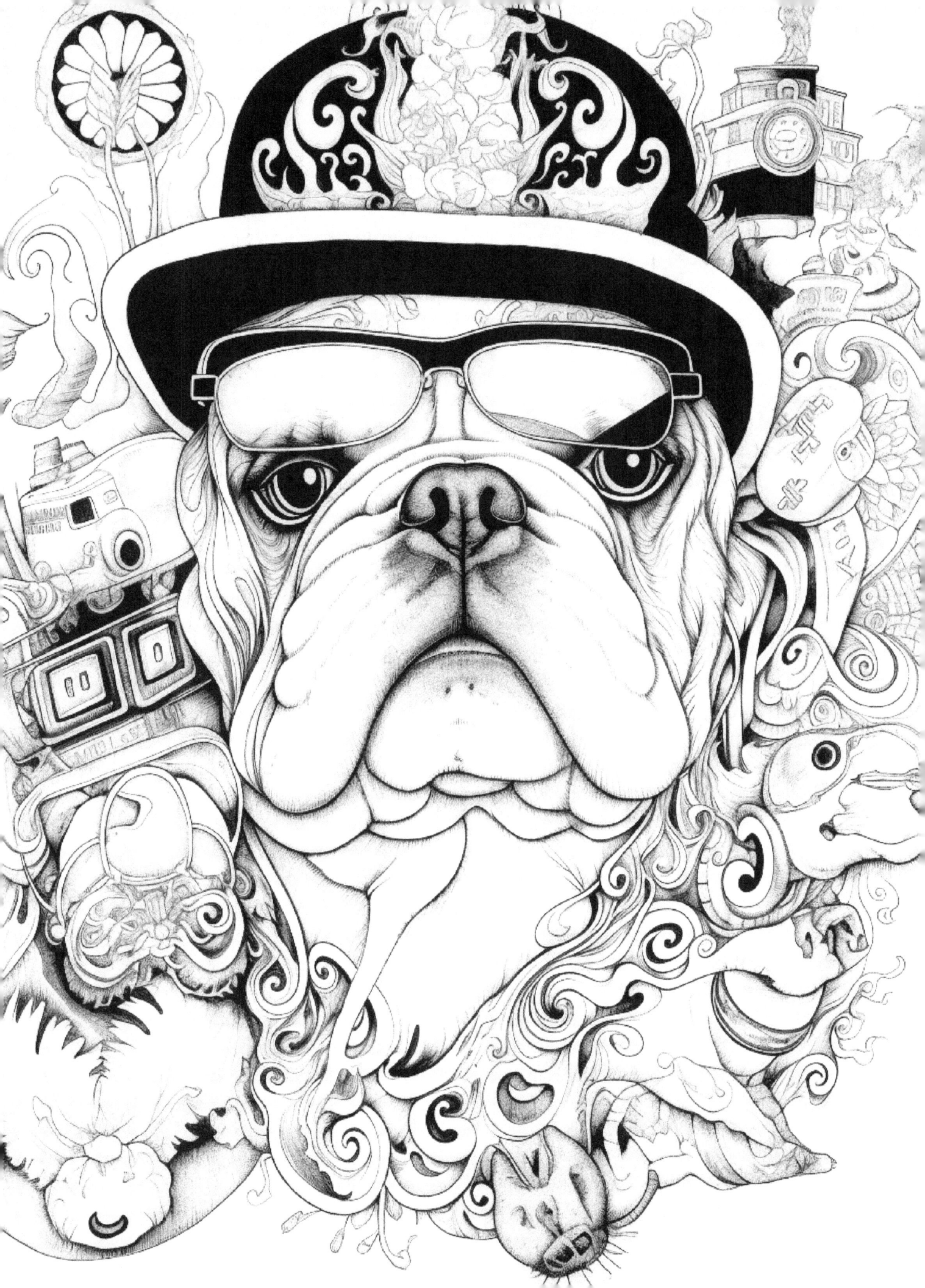

Very Hard

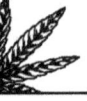

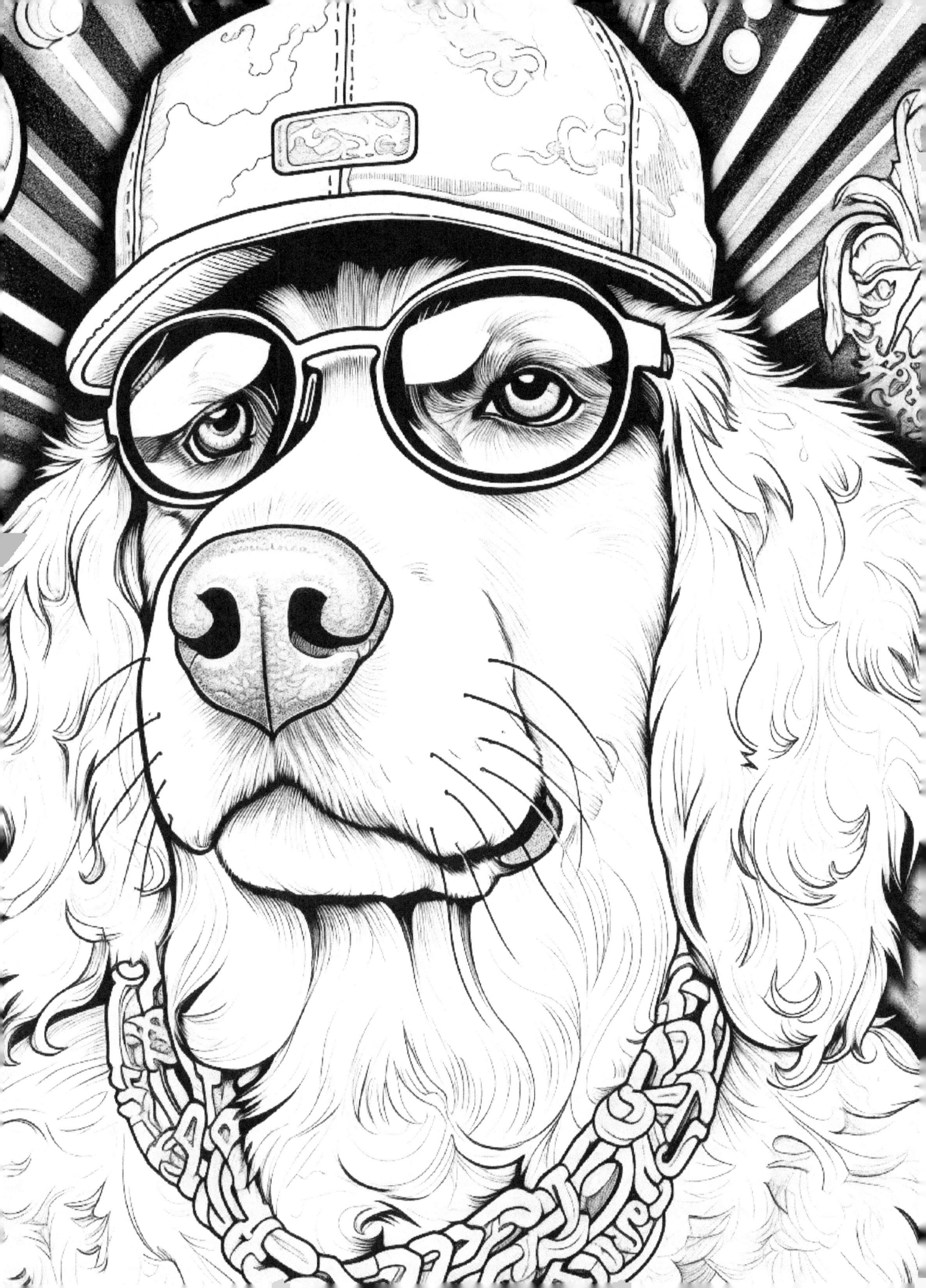

Very Hard

MAZE - 35

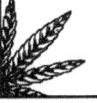
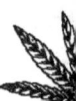

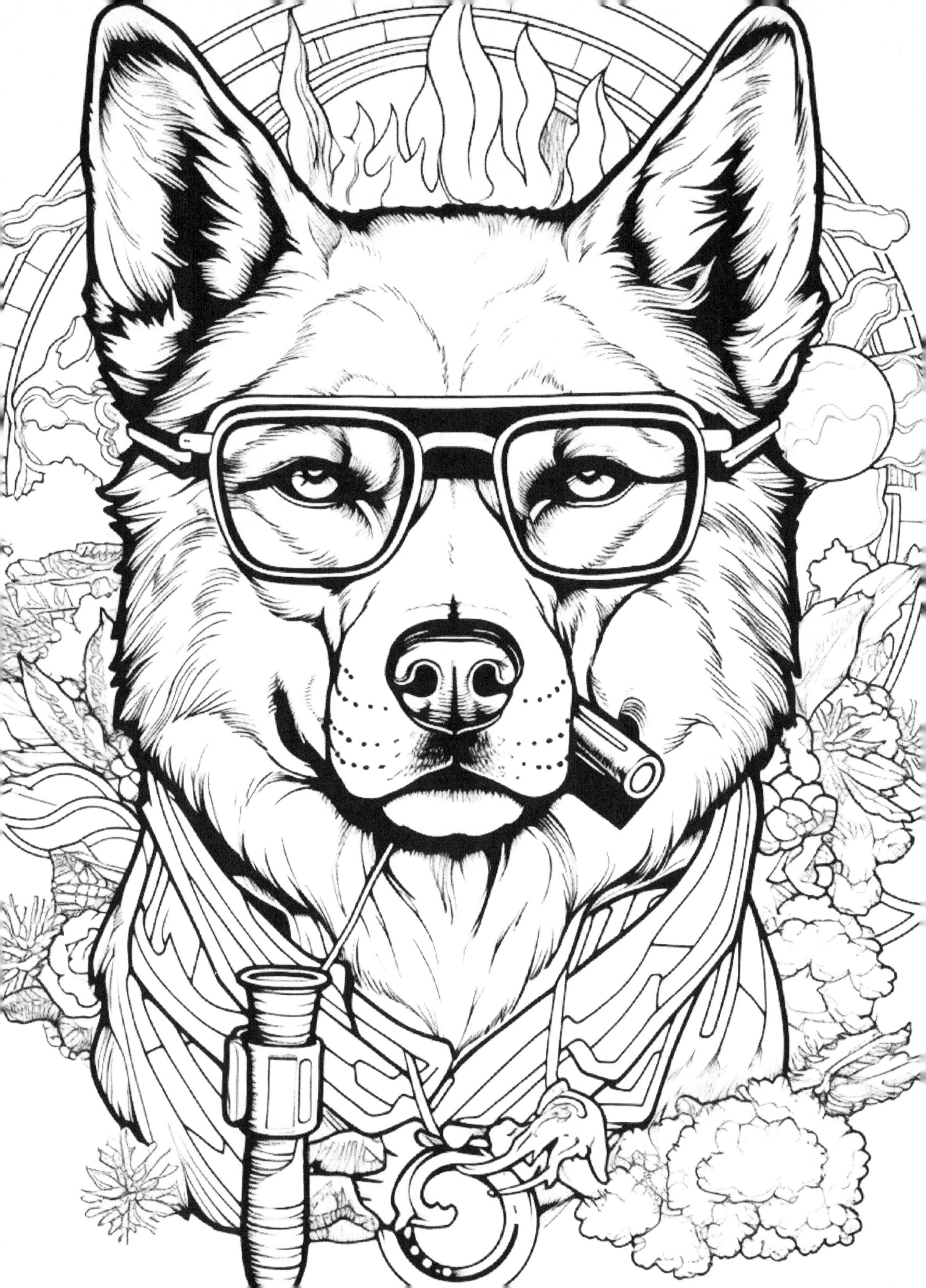

MAZE - 36

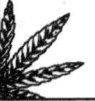

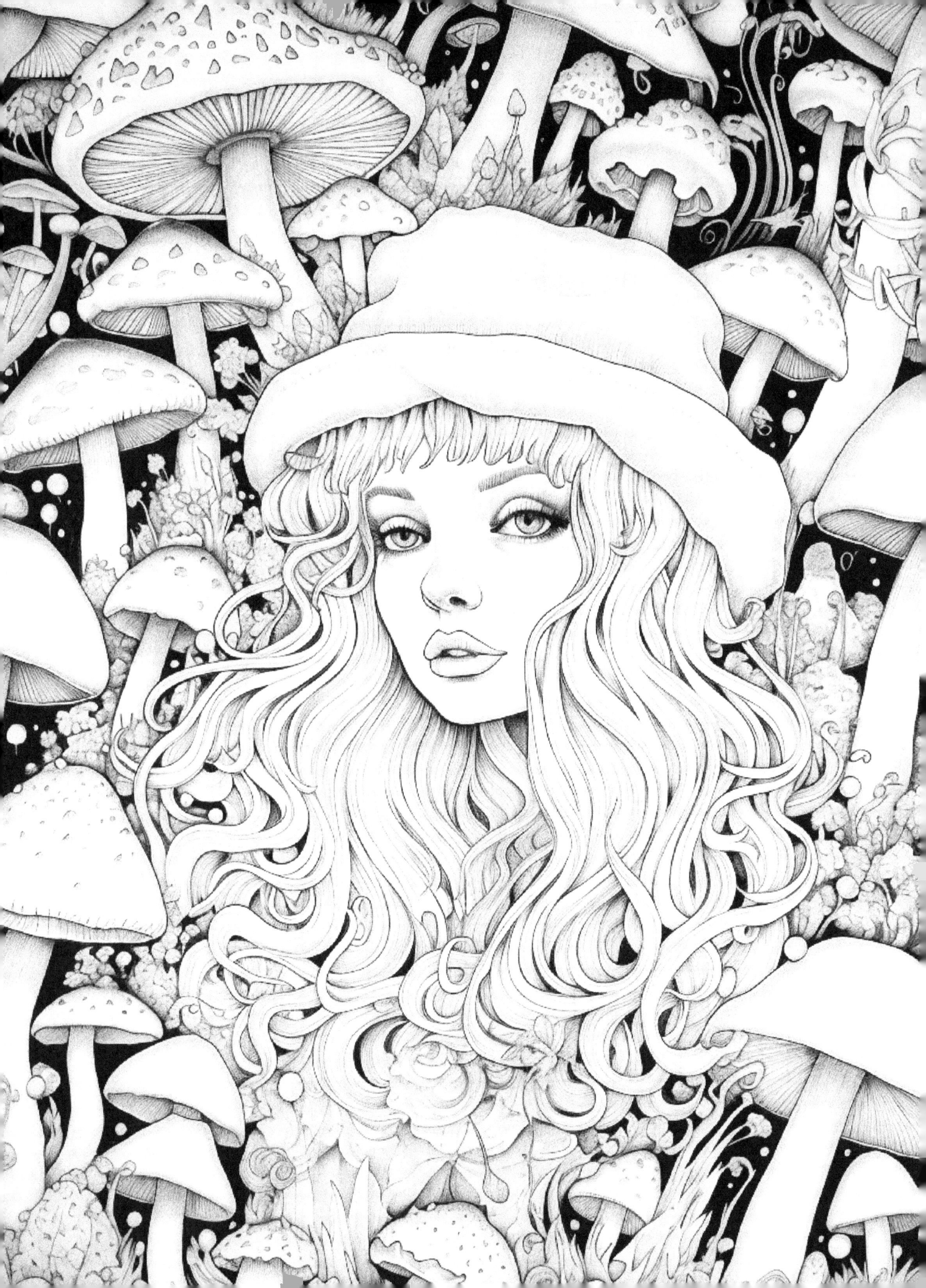

Very Hard

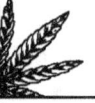

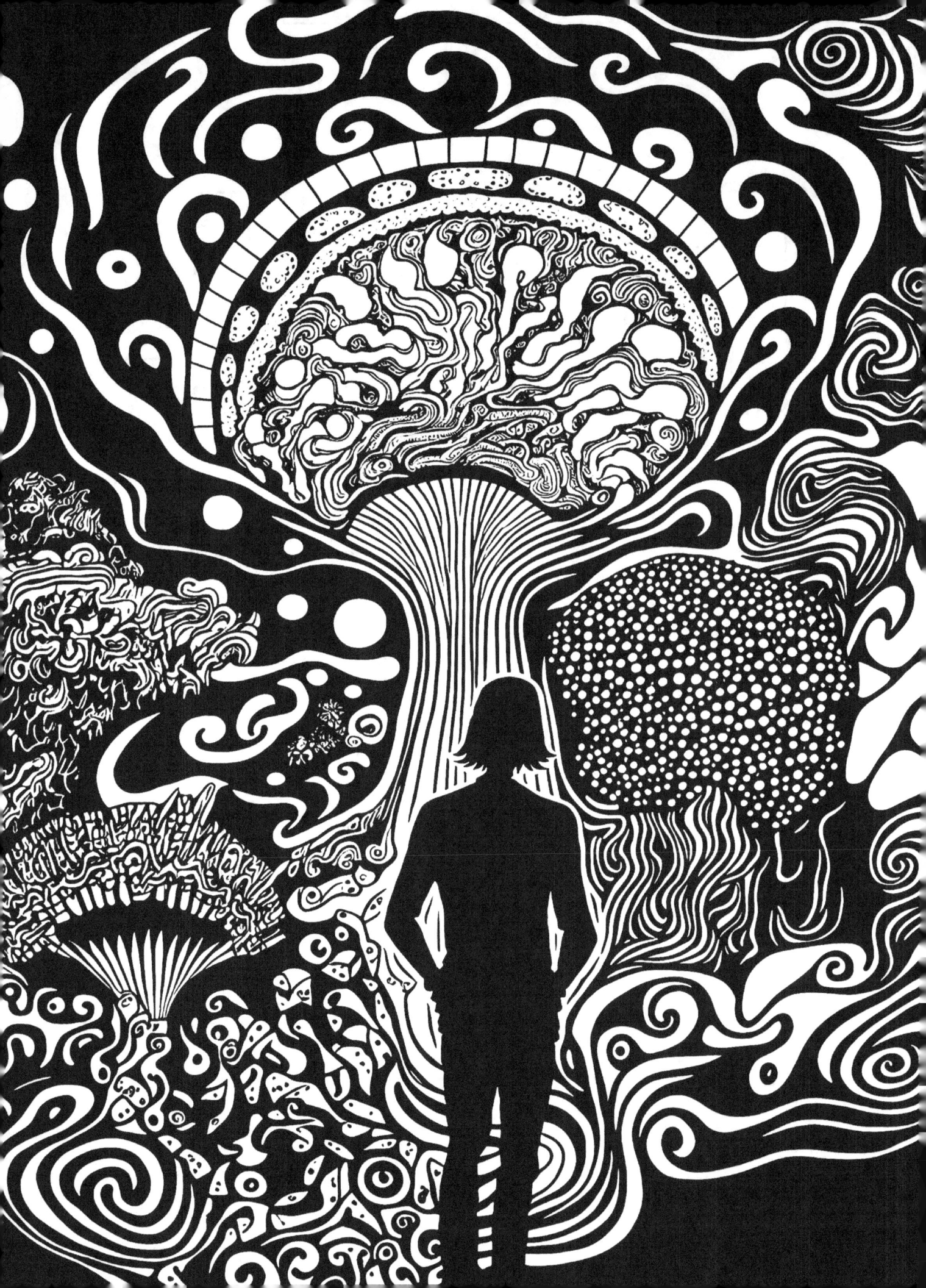

Very Hard

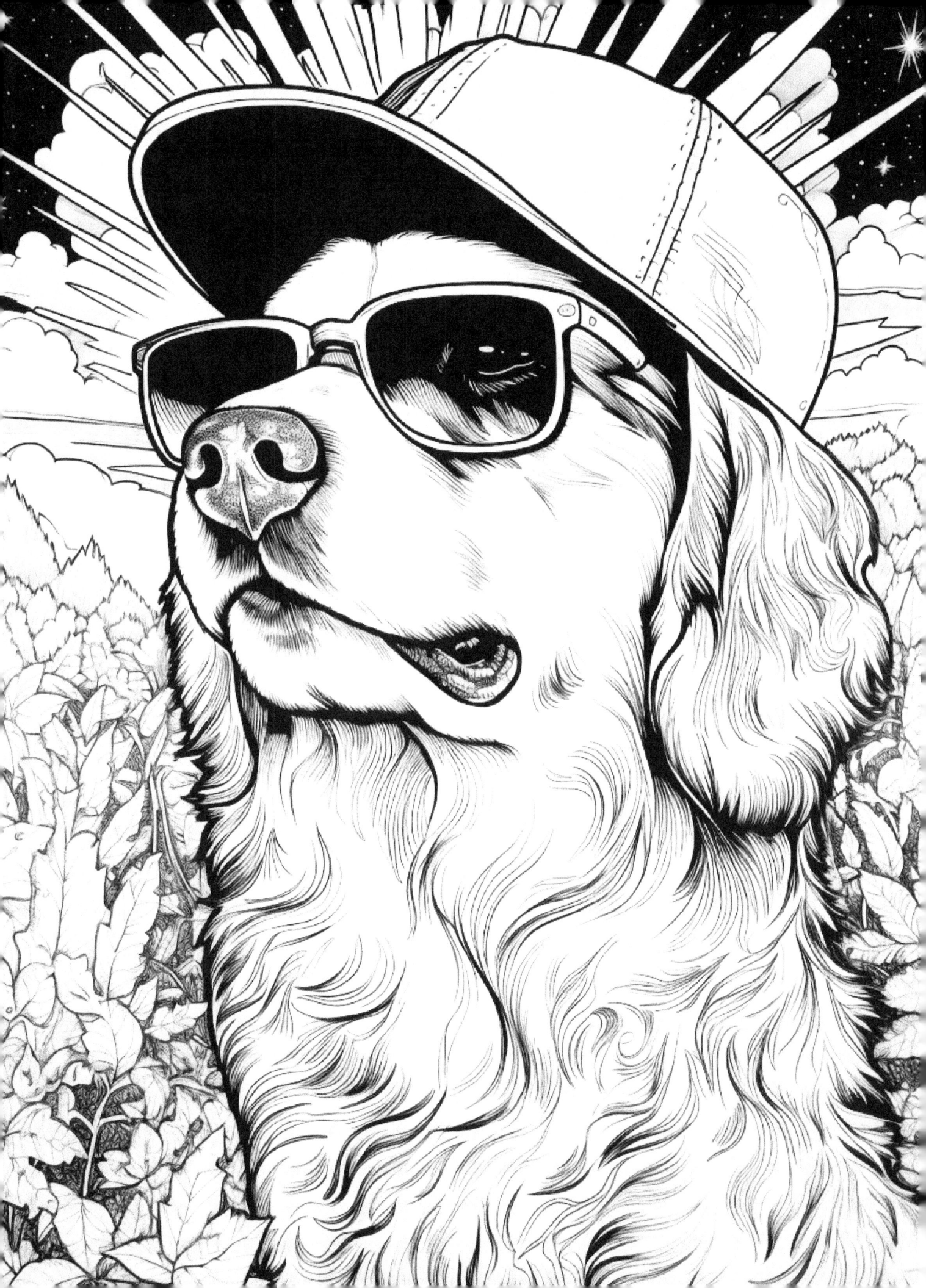

Very Hard

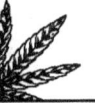

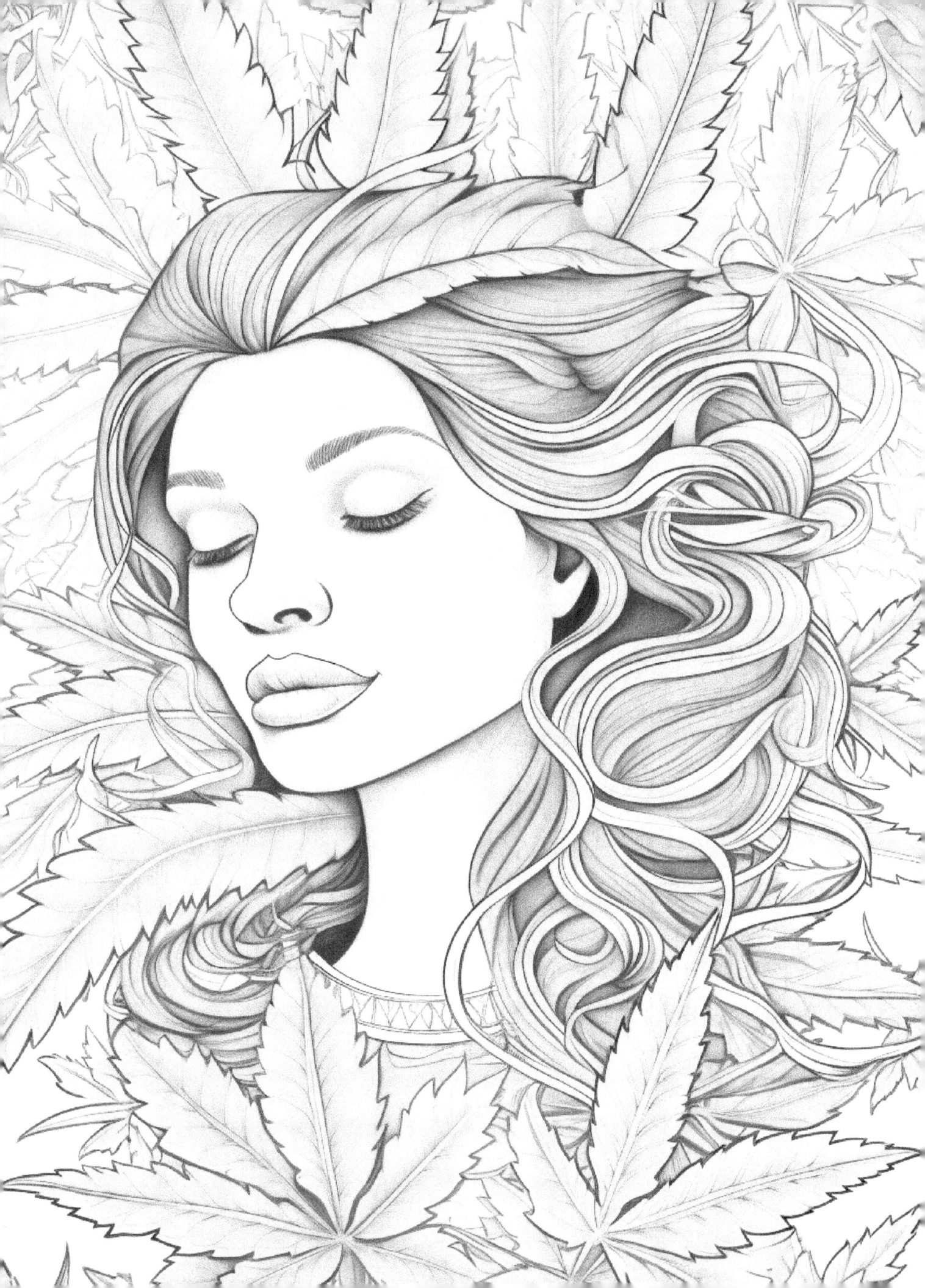

Very Hard

MAZE - 40

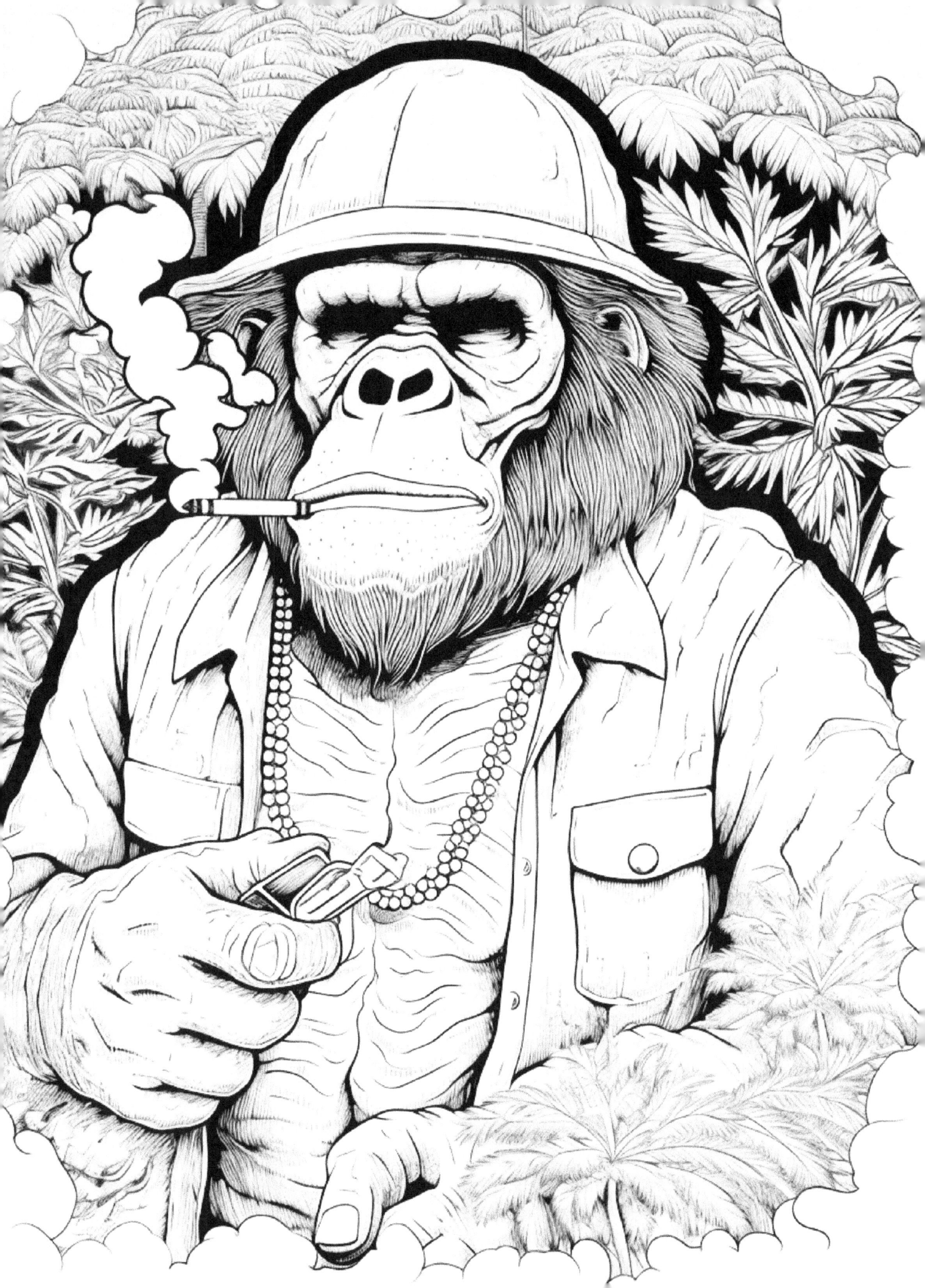

MAZE - 41

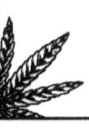

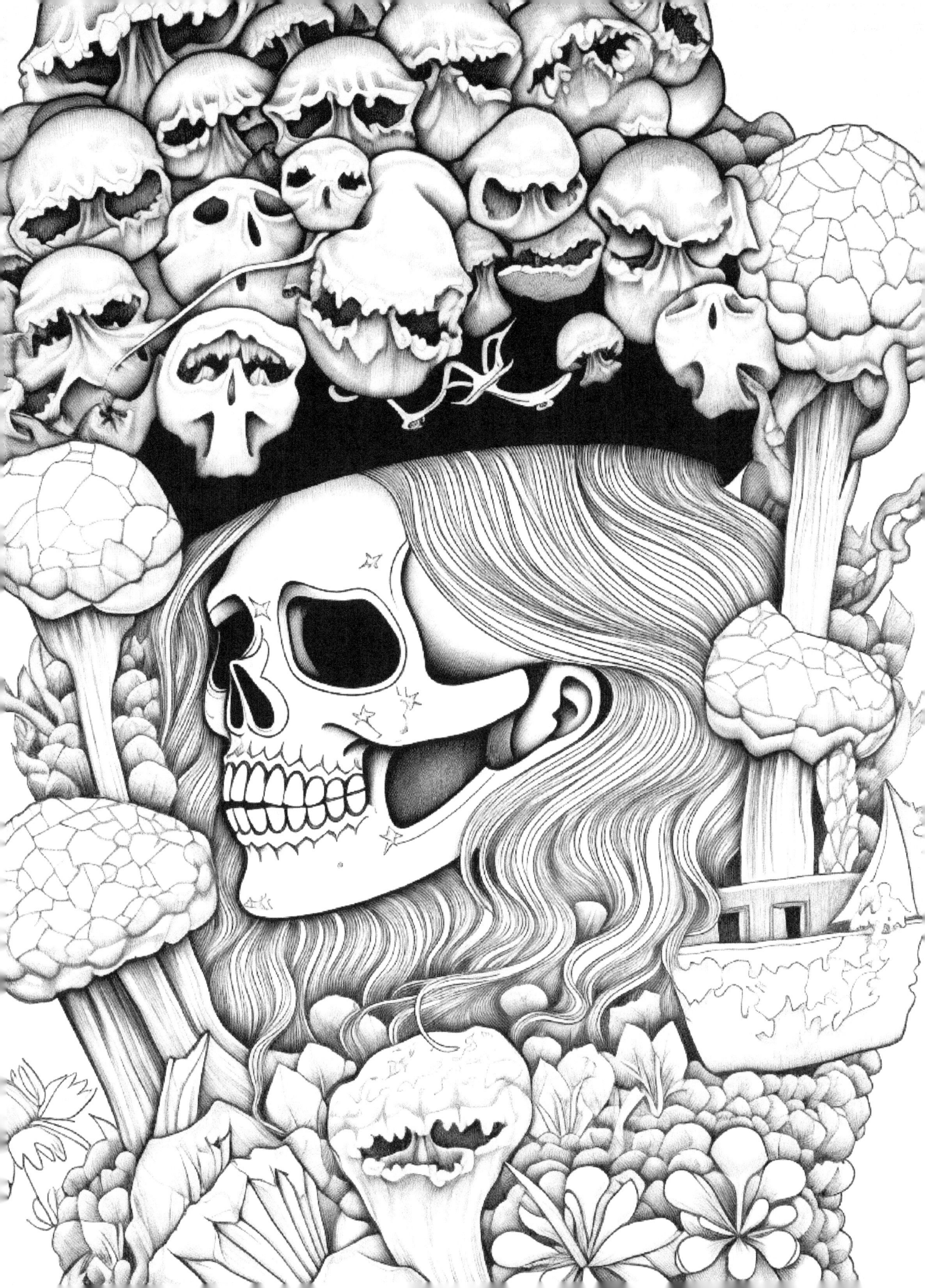

MAZE - 42

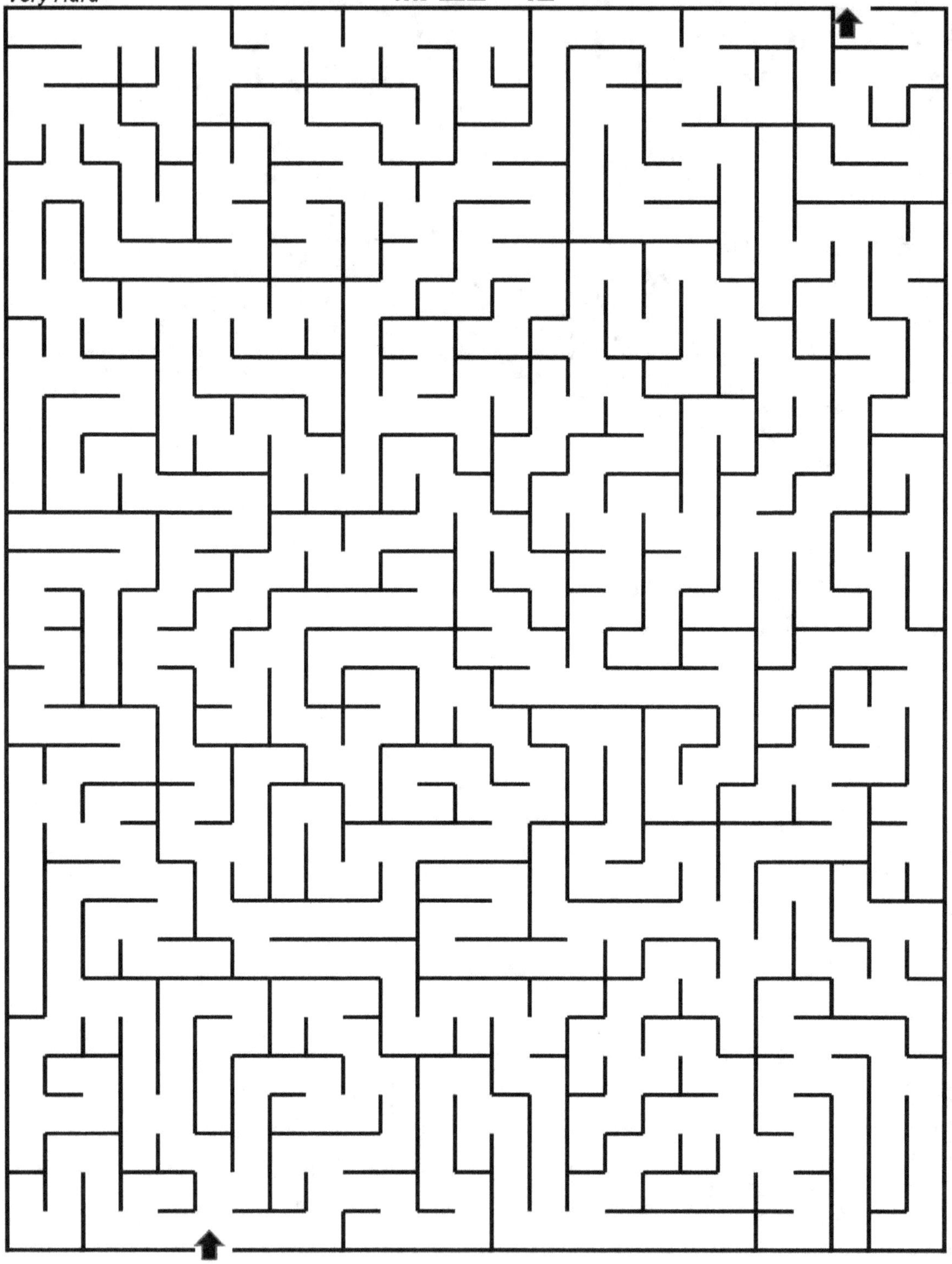

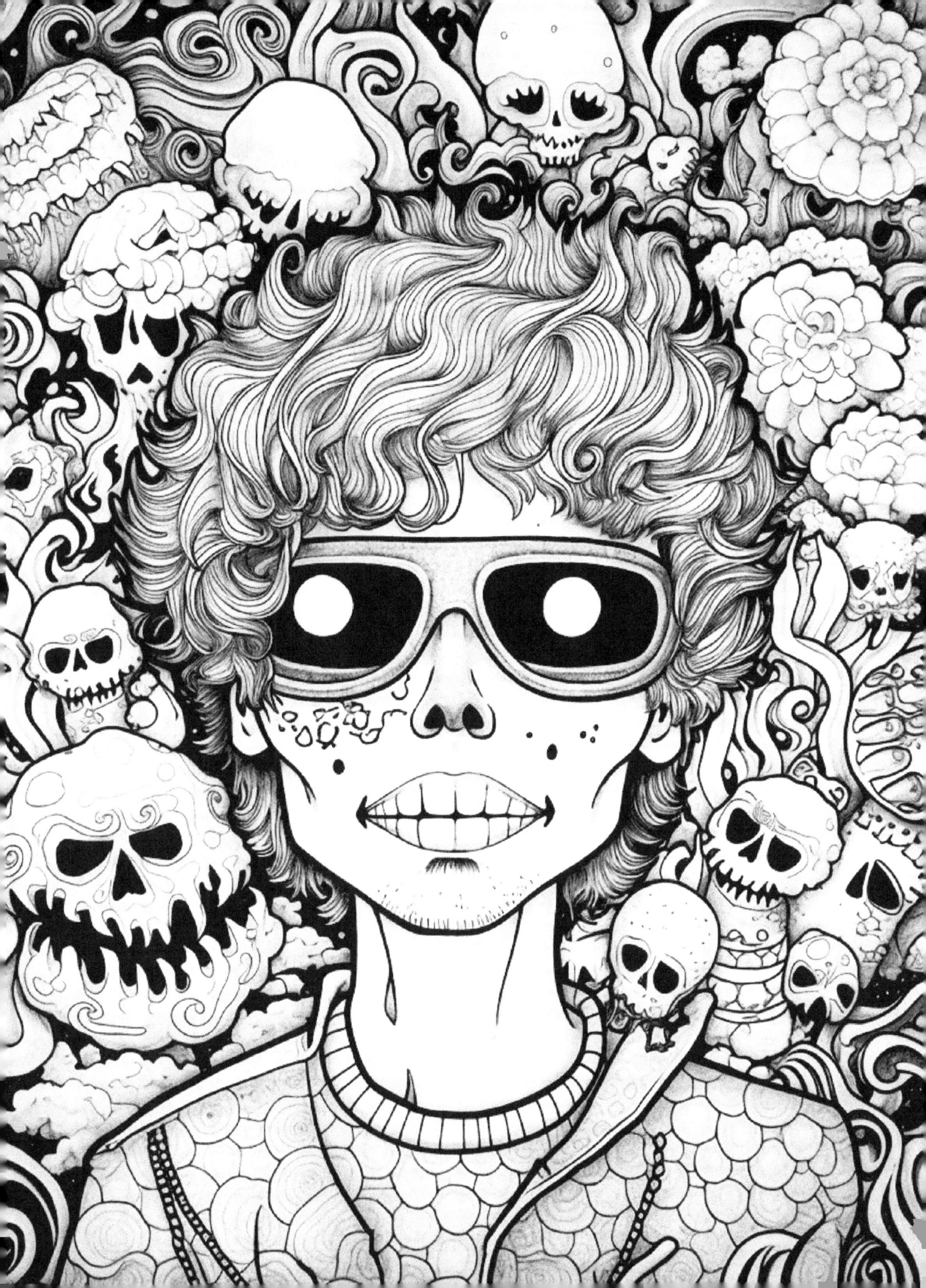

MAZE - 43

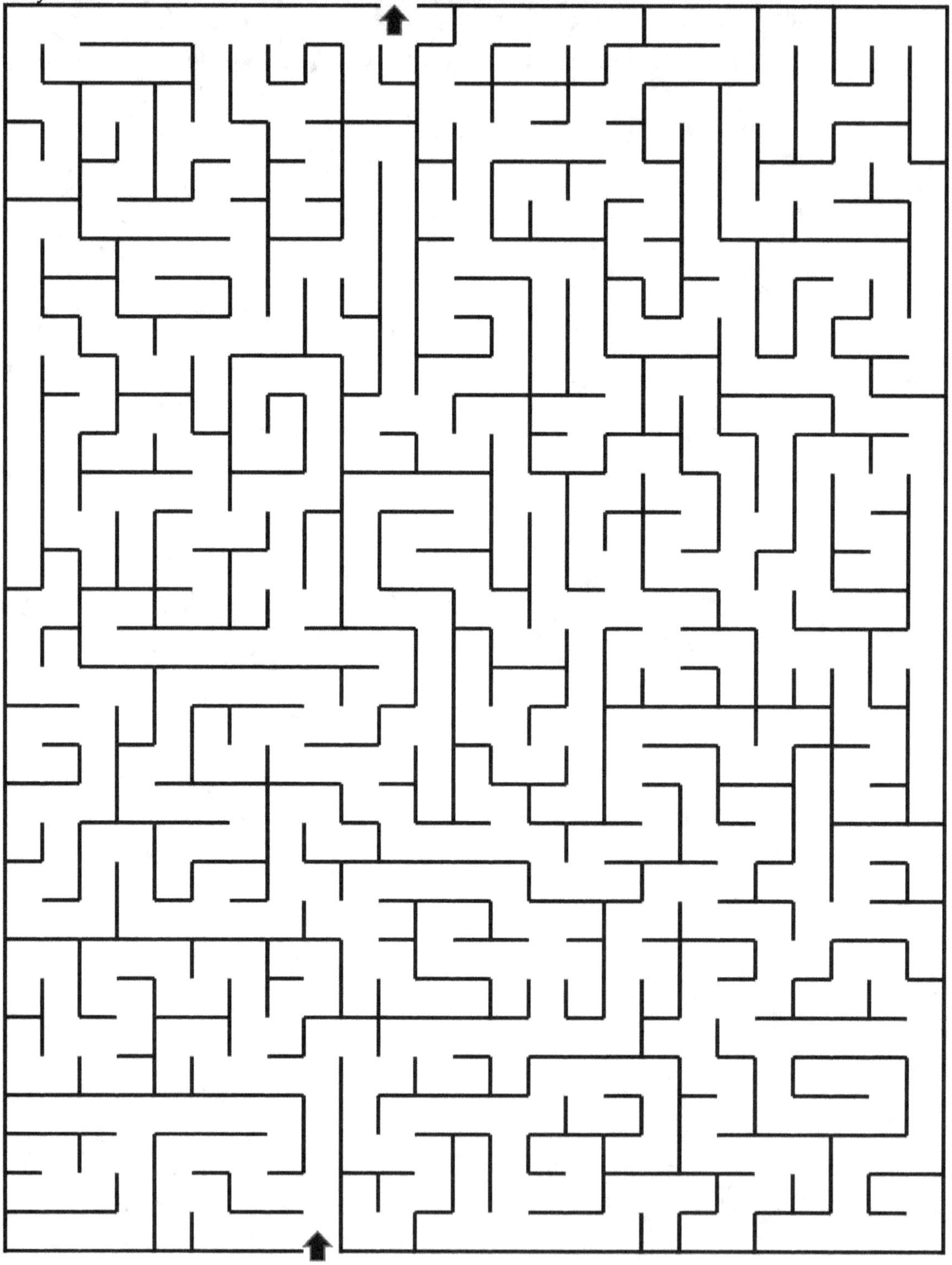

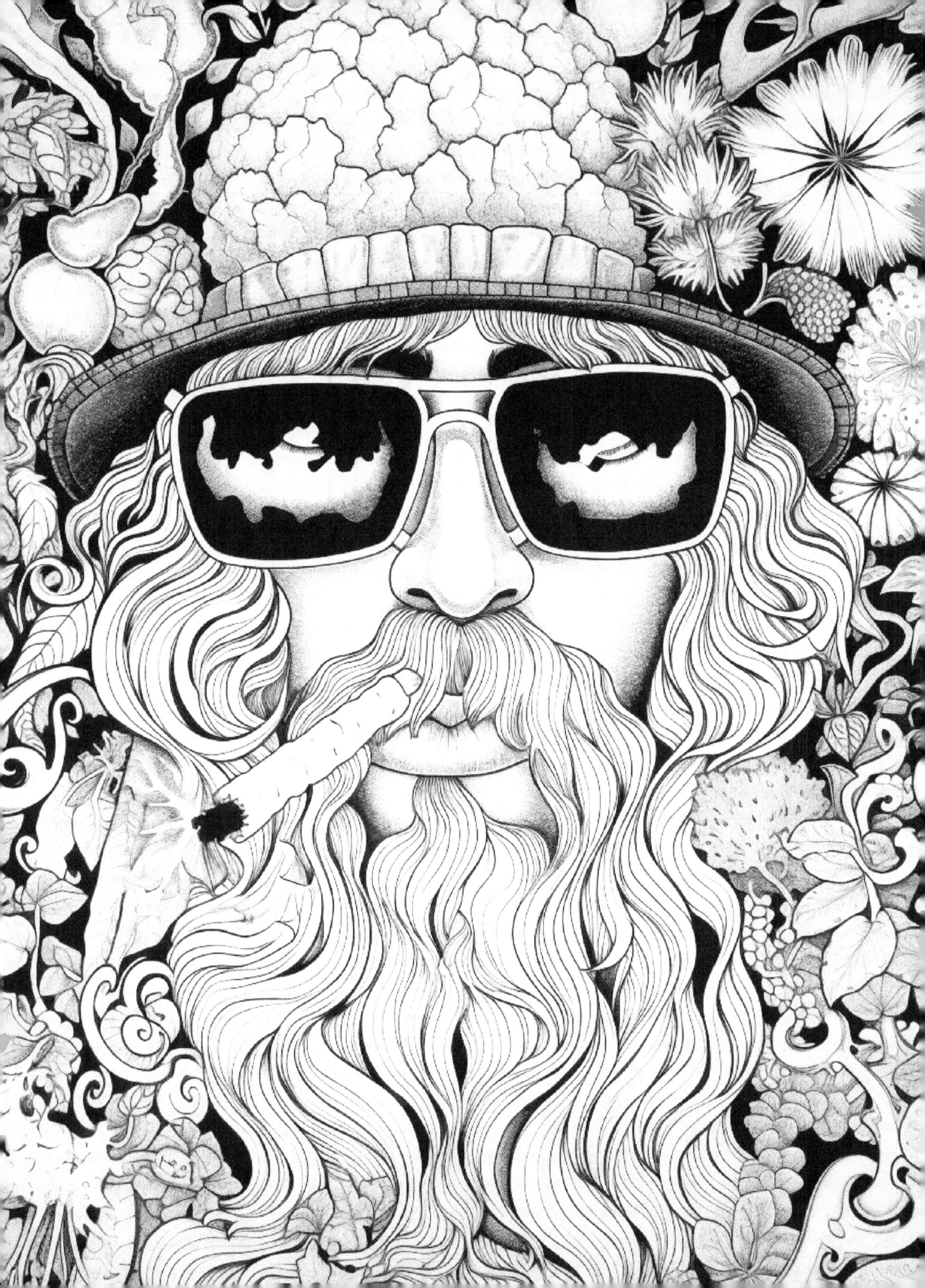

Very Hard

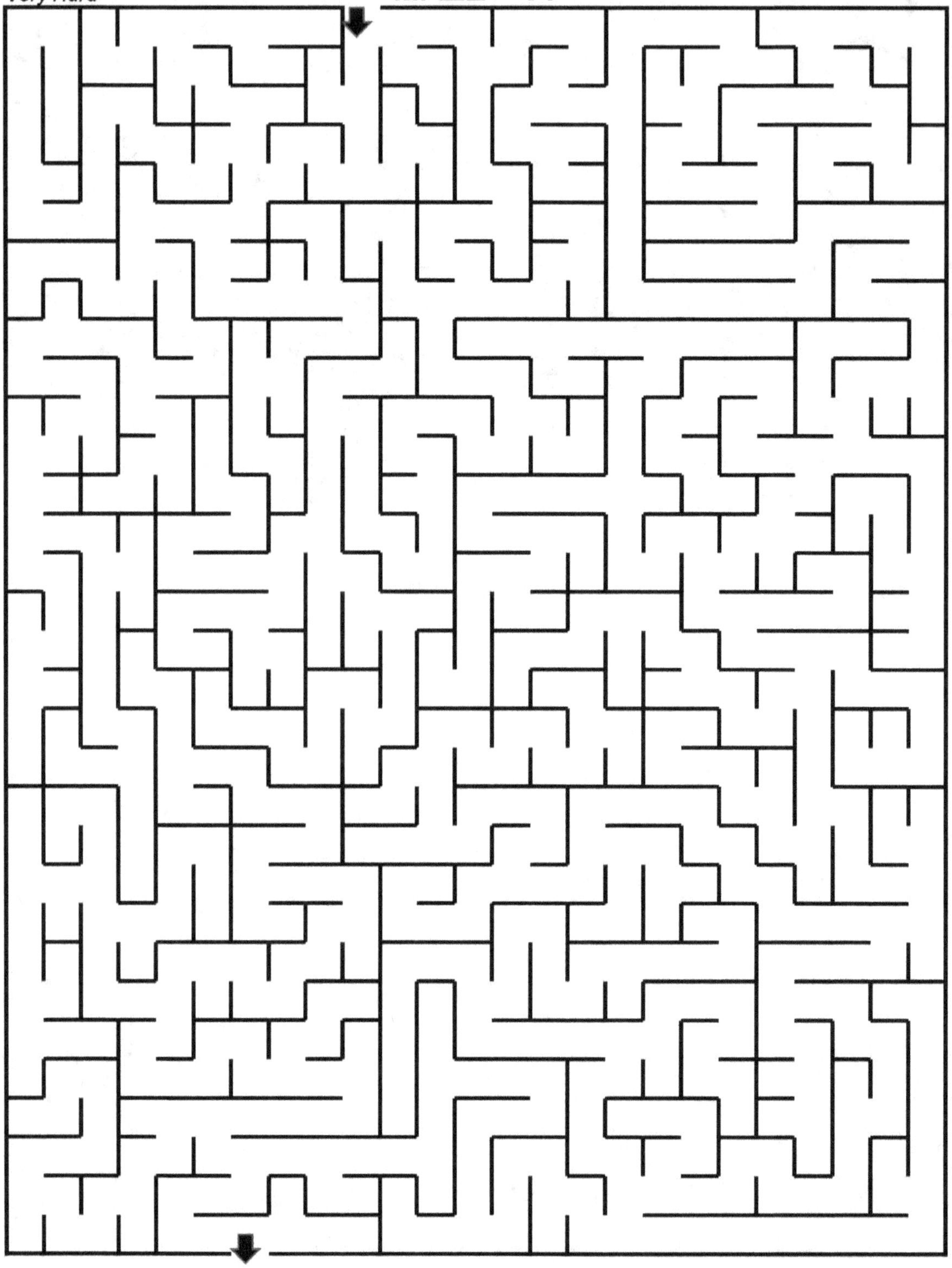

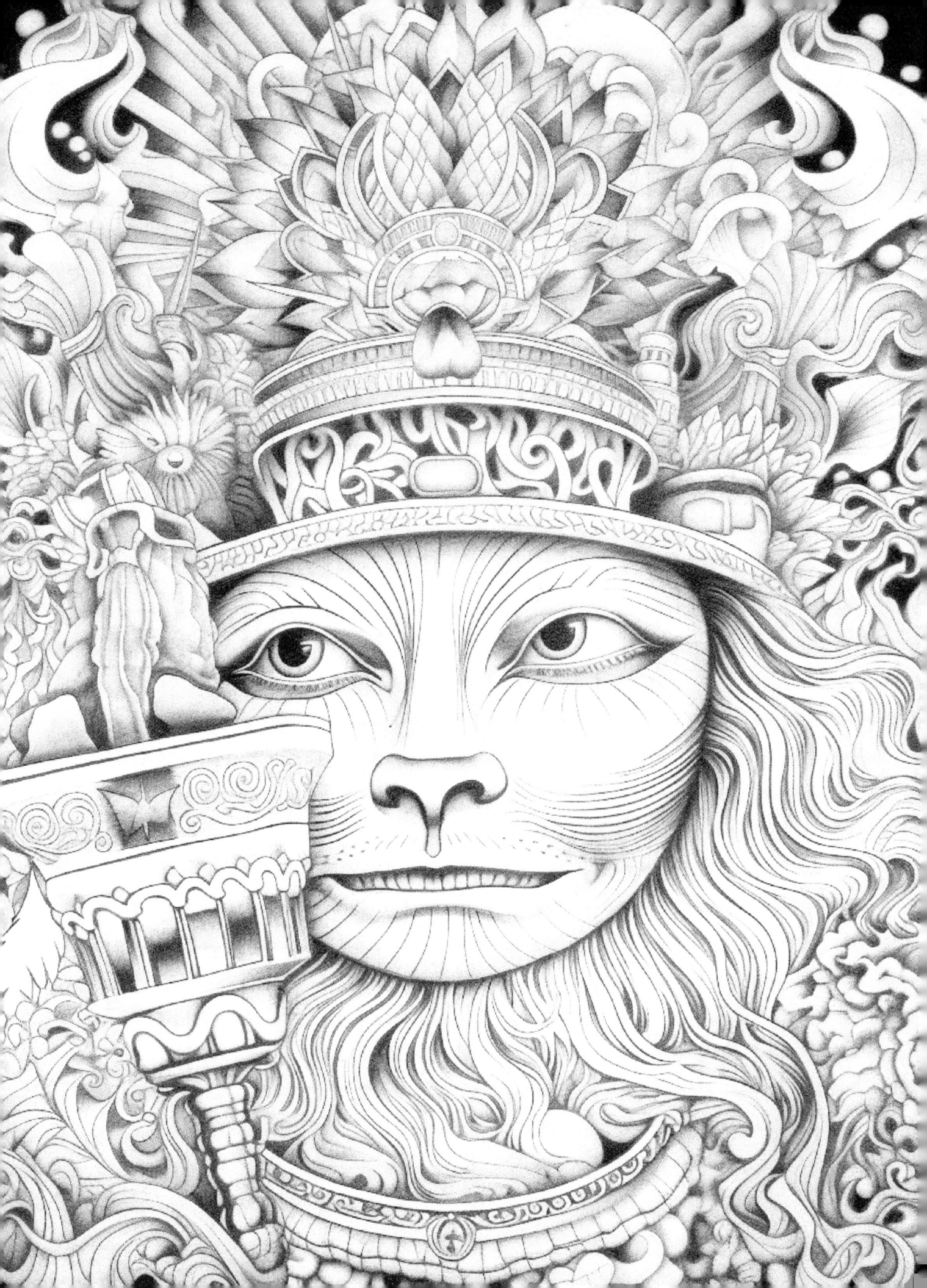

Very Hard

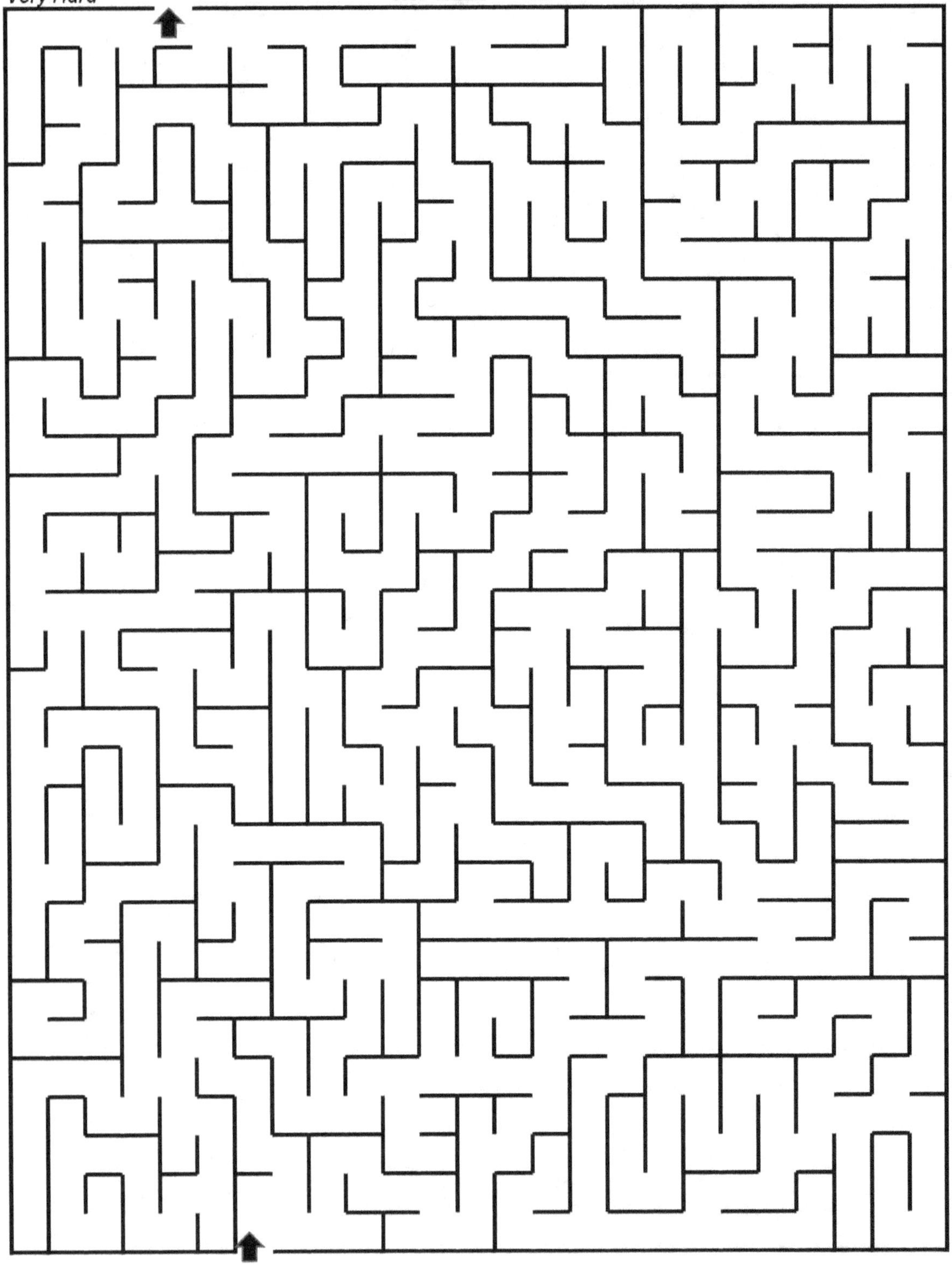

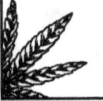

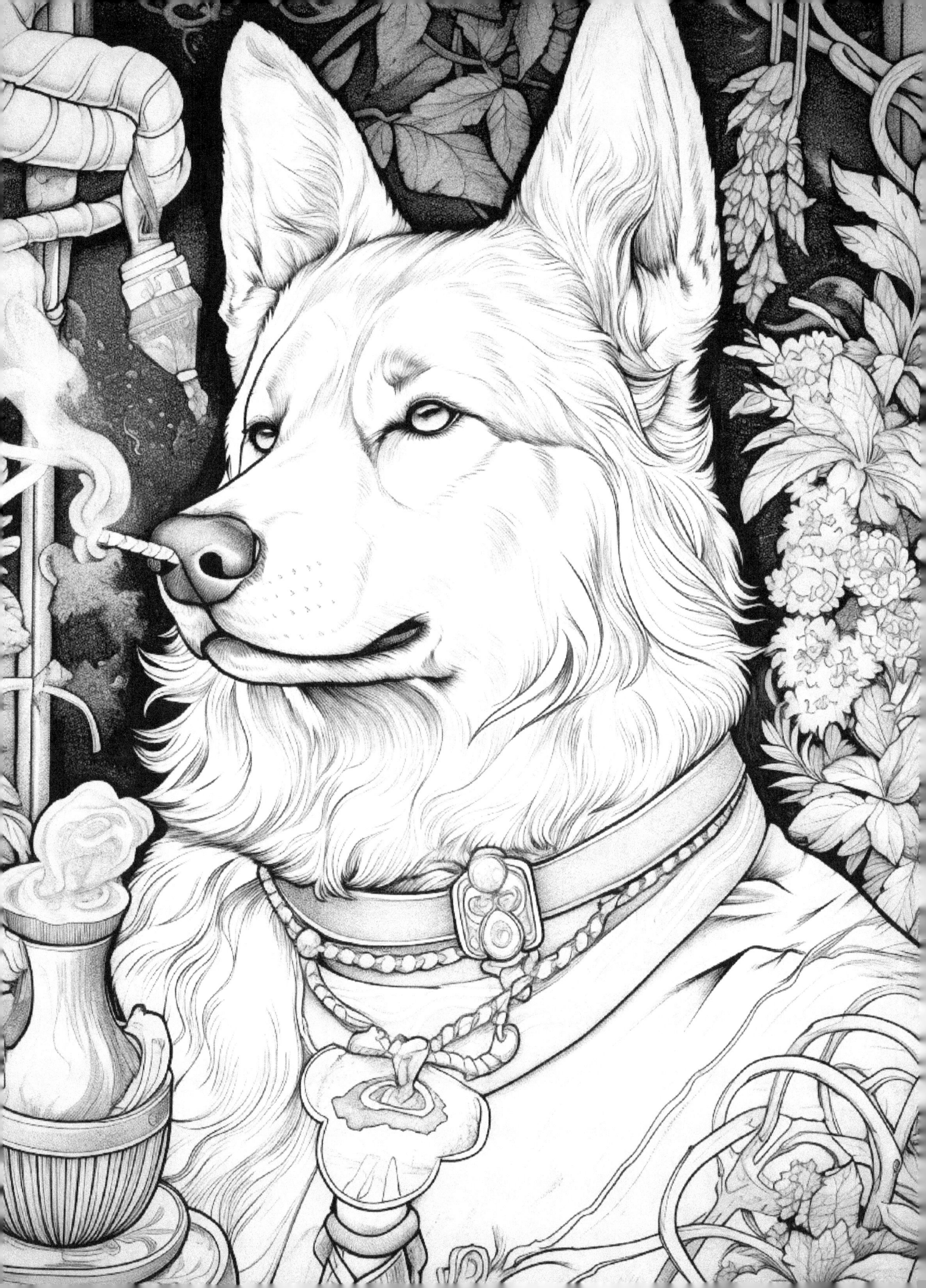

MAZE - 46

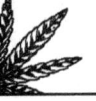

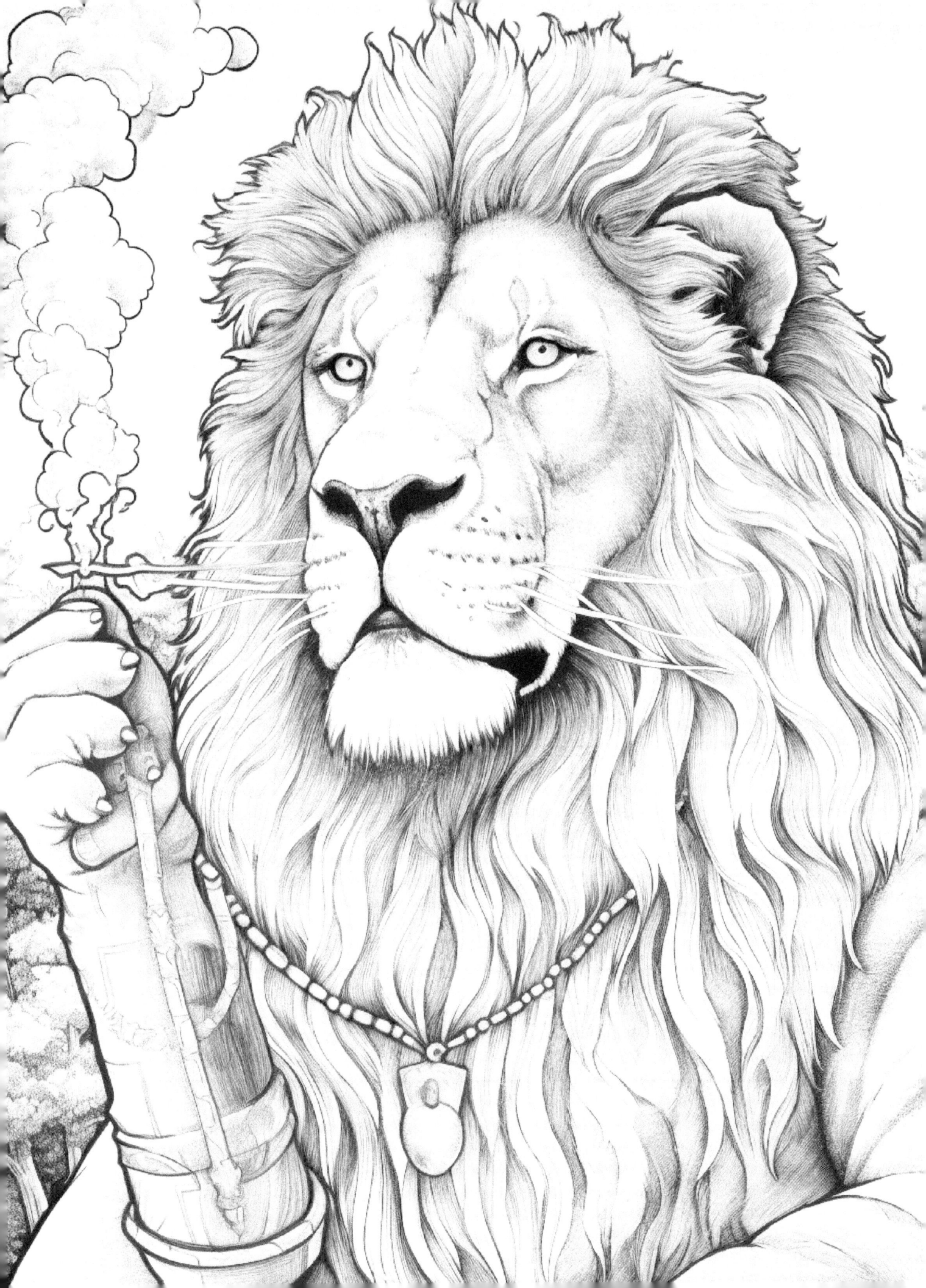

Very Hard

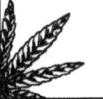
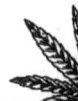

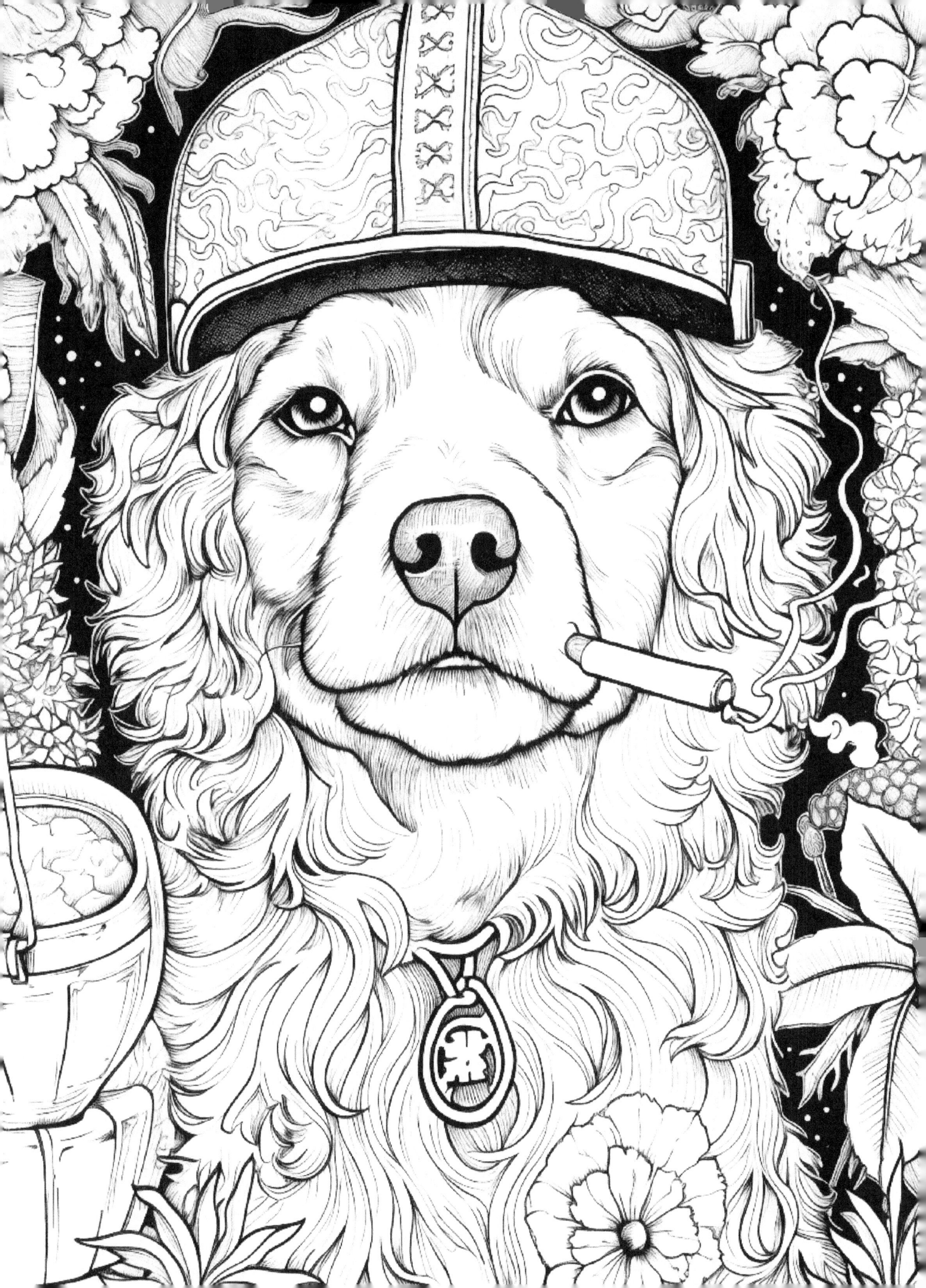

Very Hard

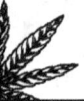

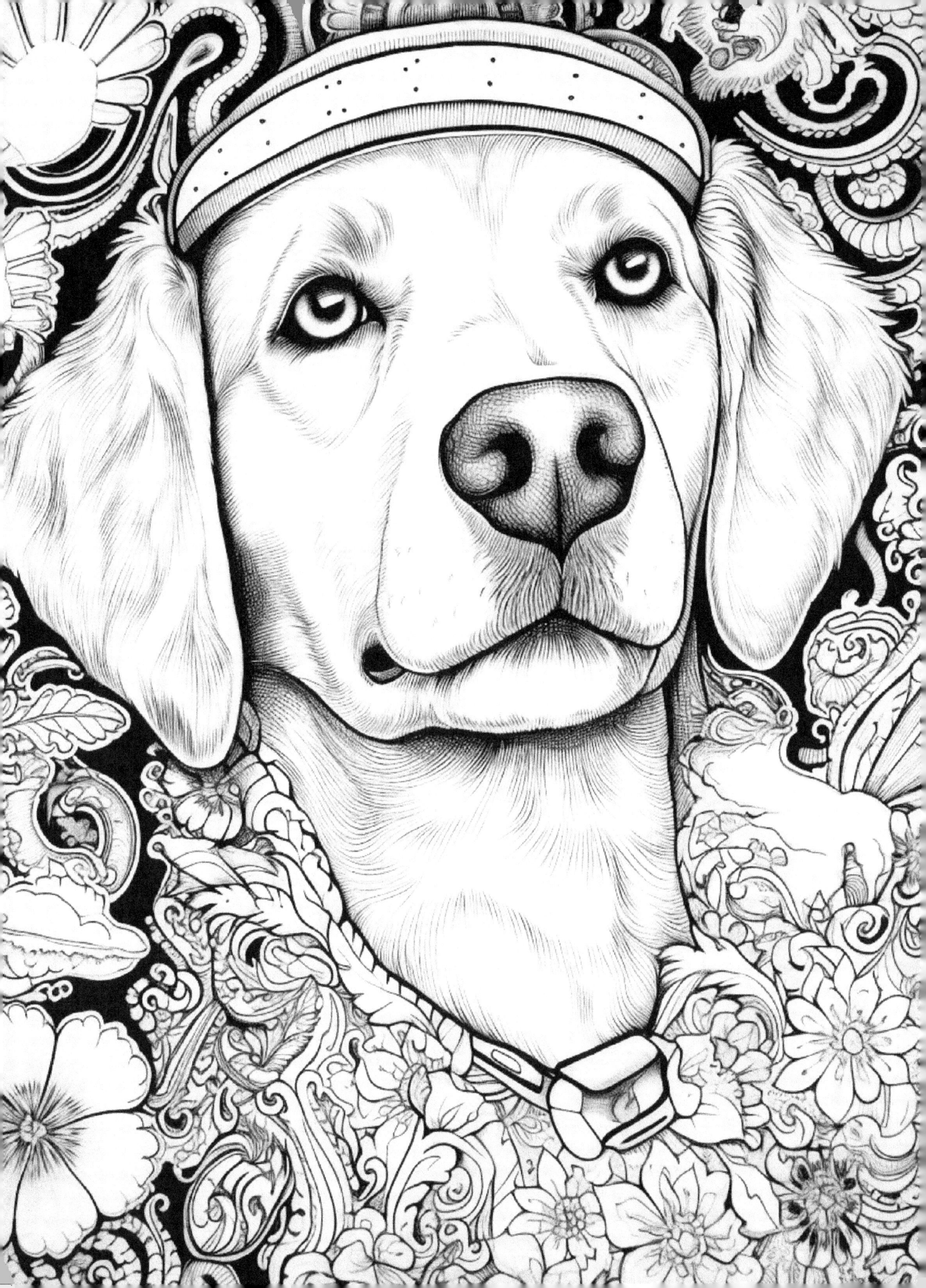

Very Hard

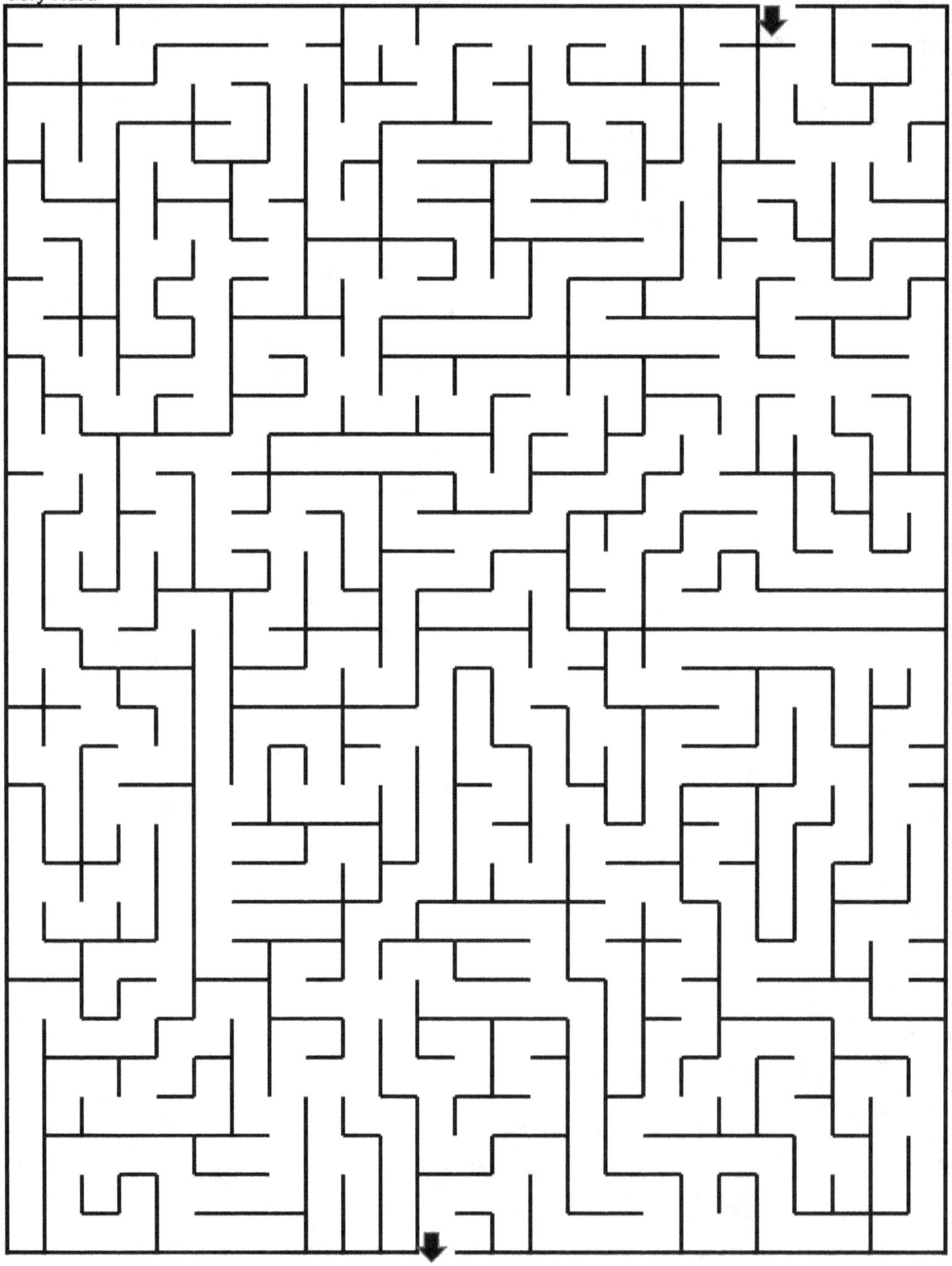

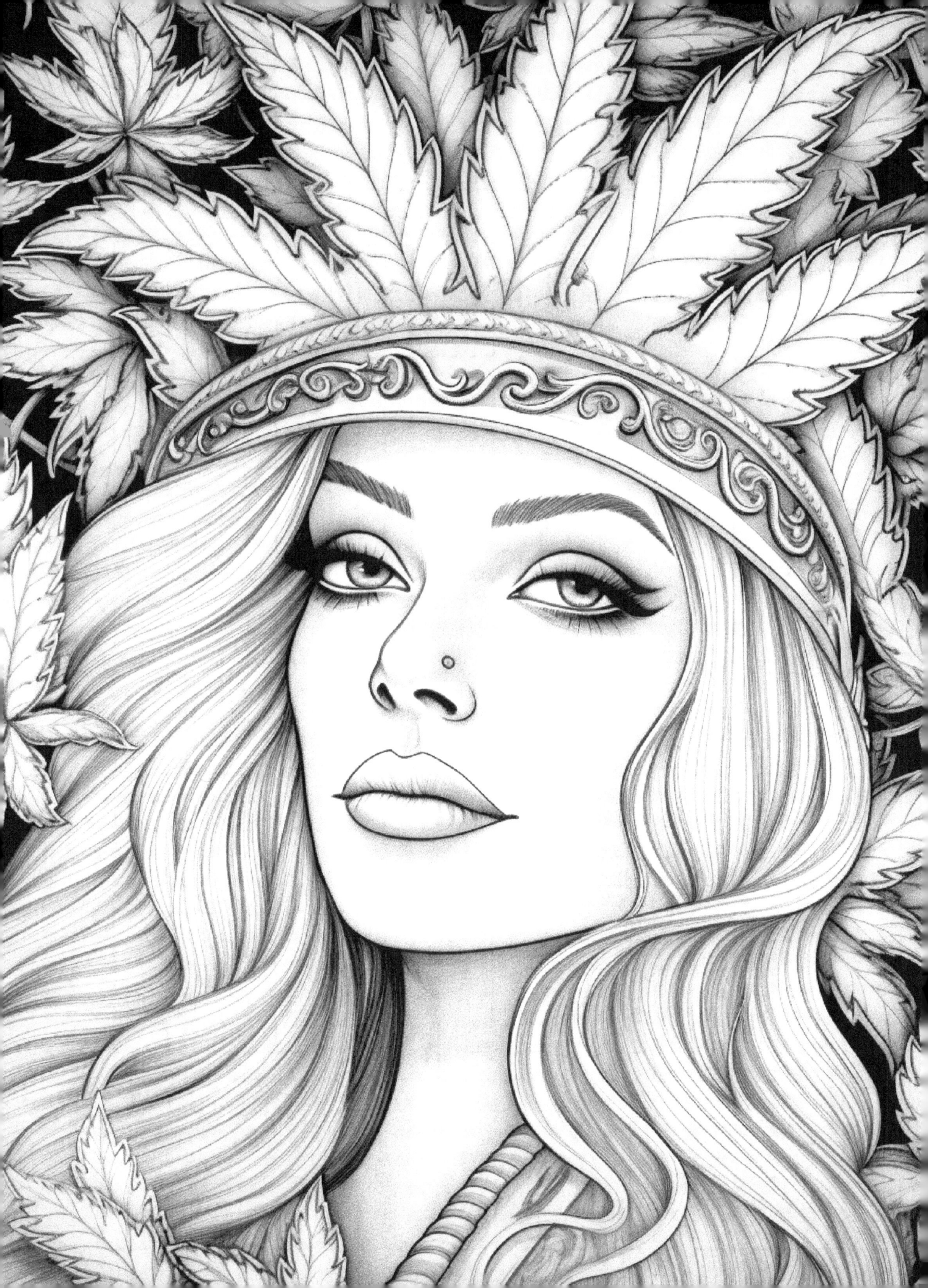

Very Hard

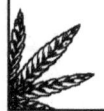

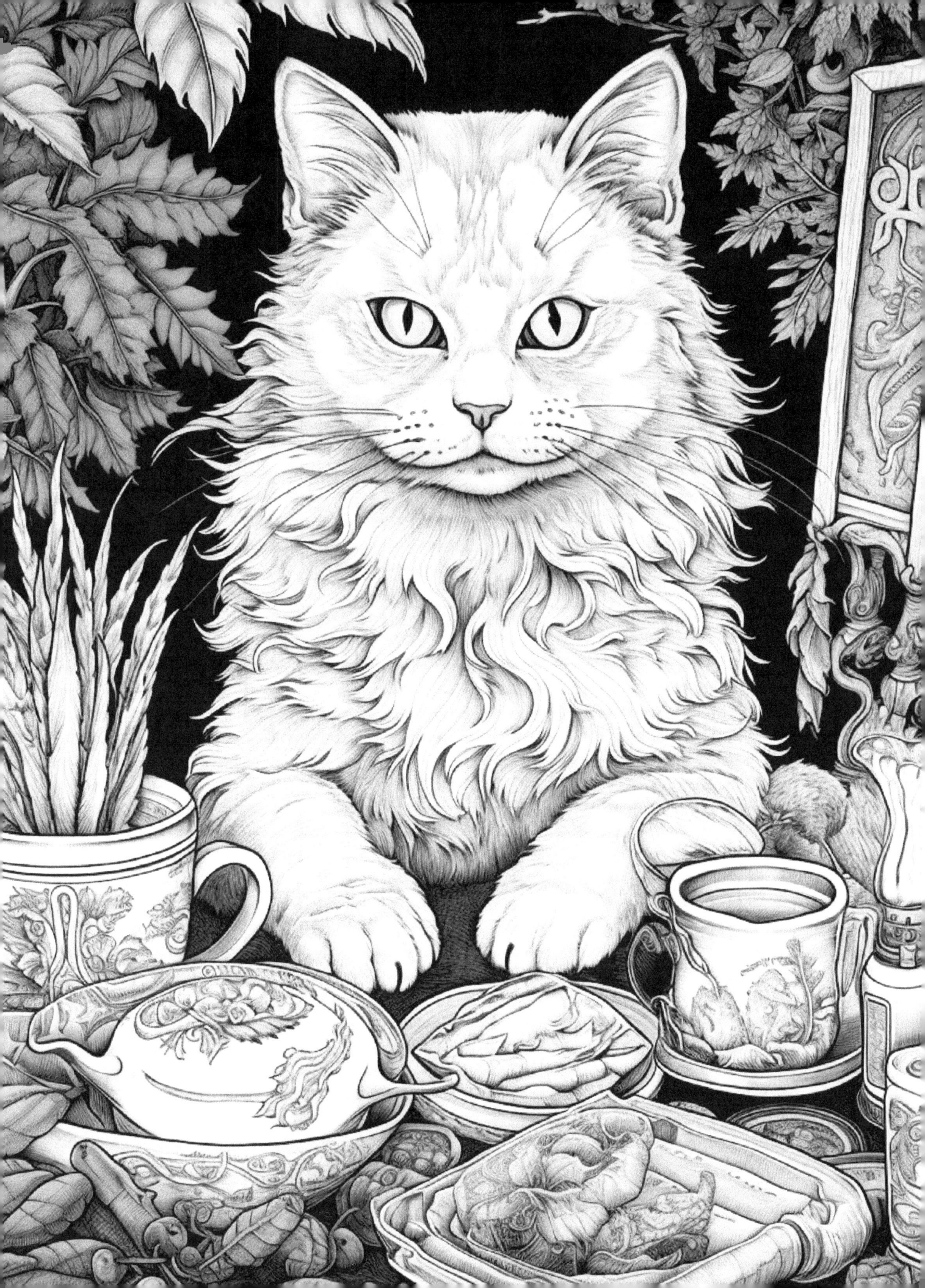

Very Hard

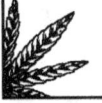

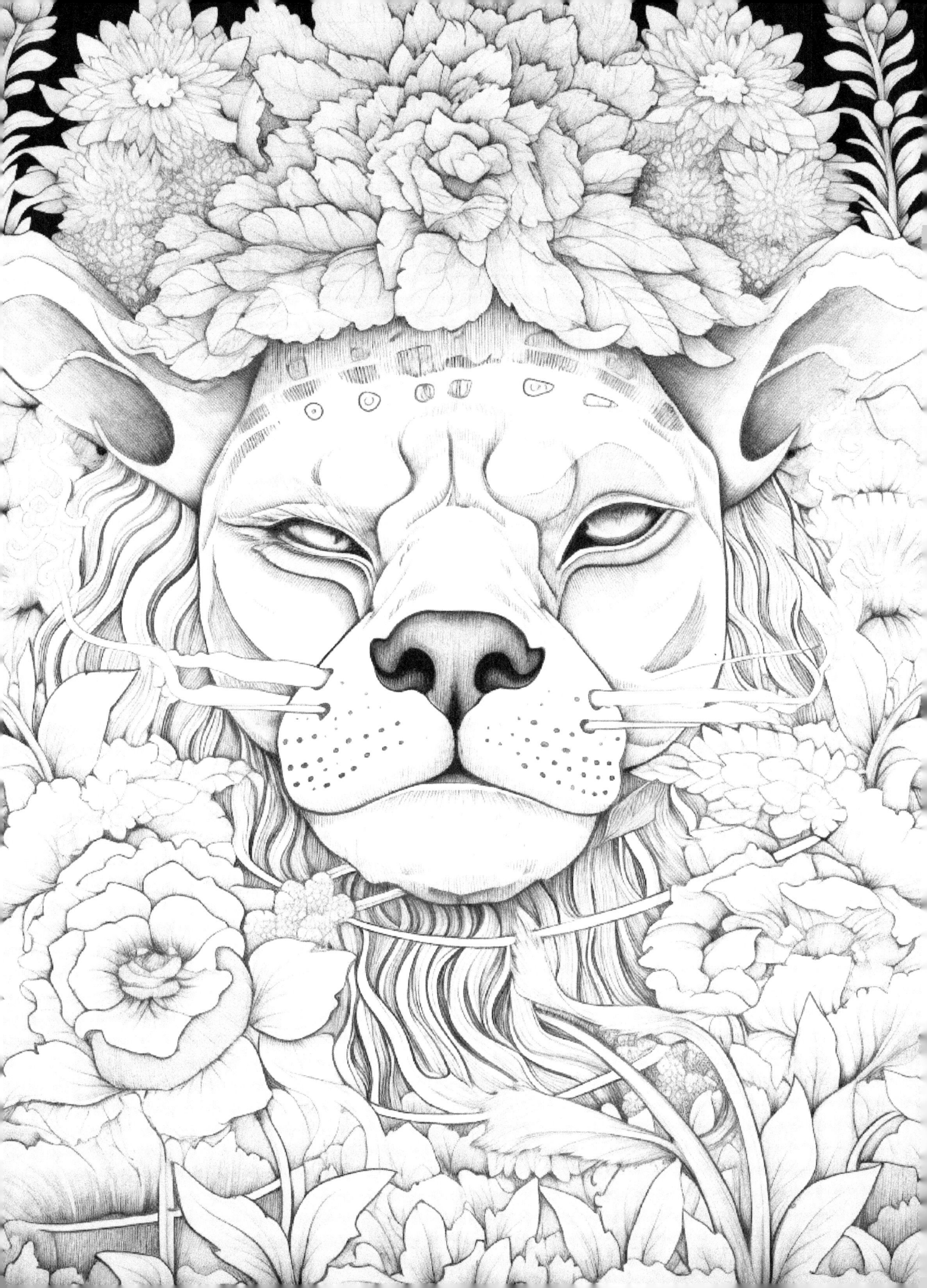

Very Hard

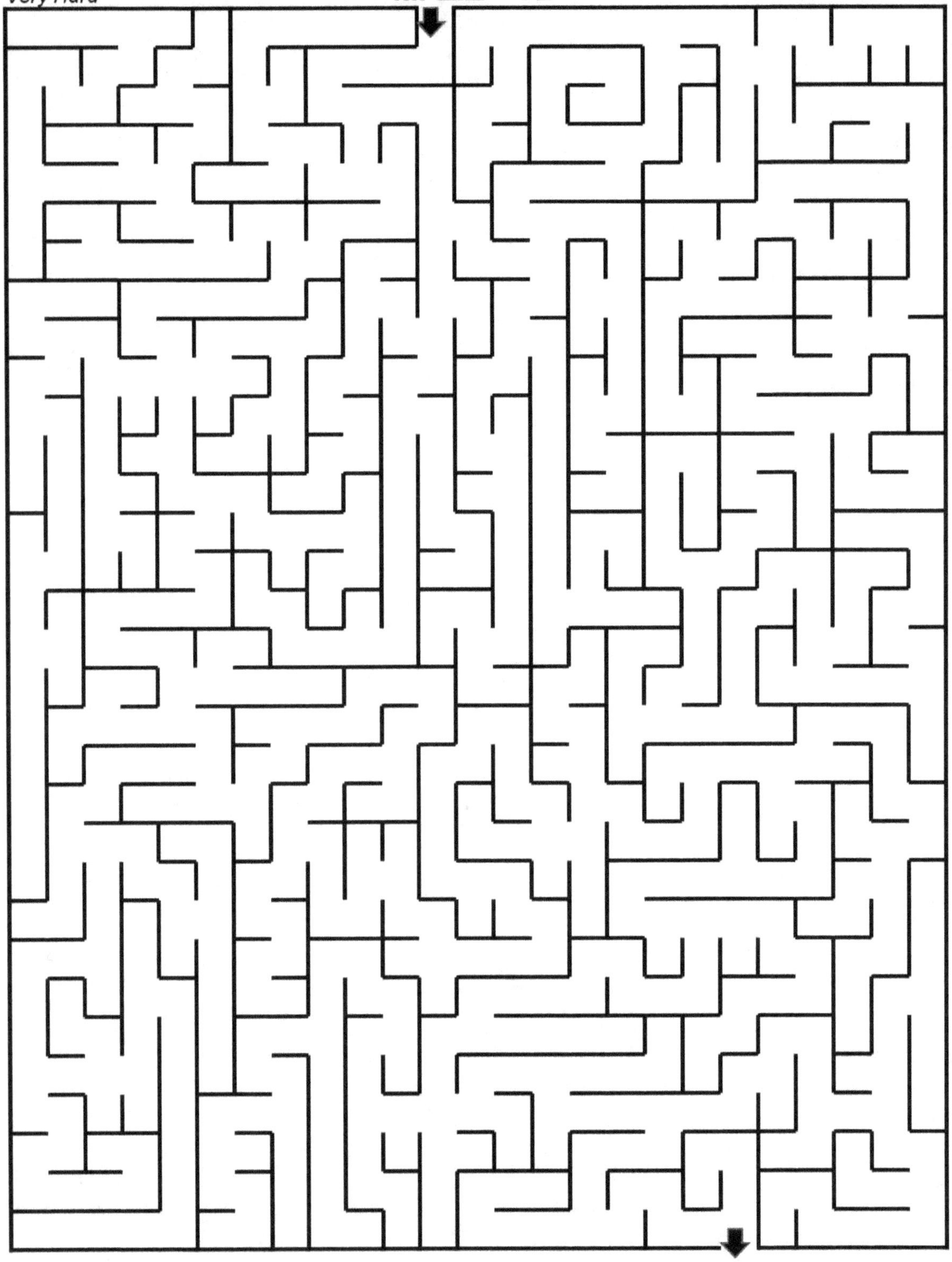

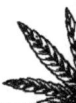

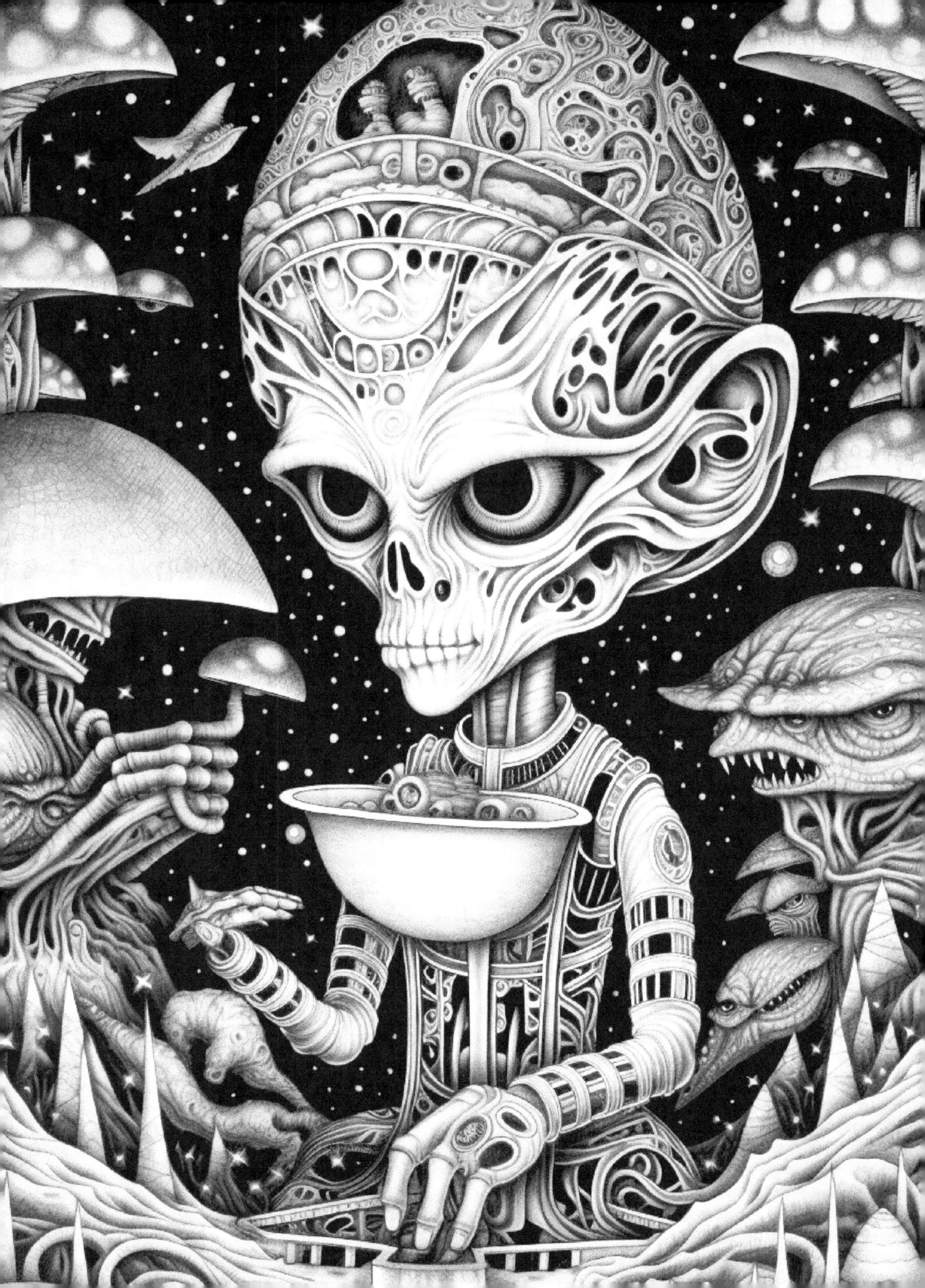

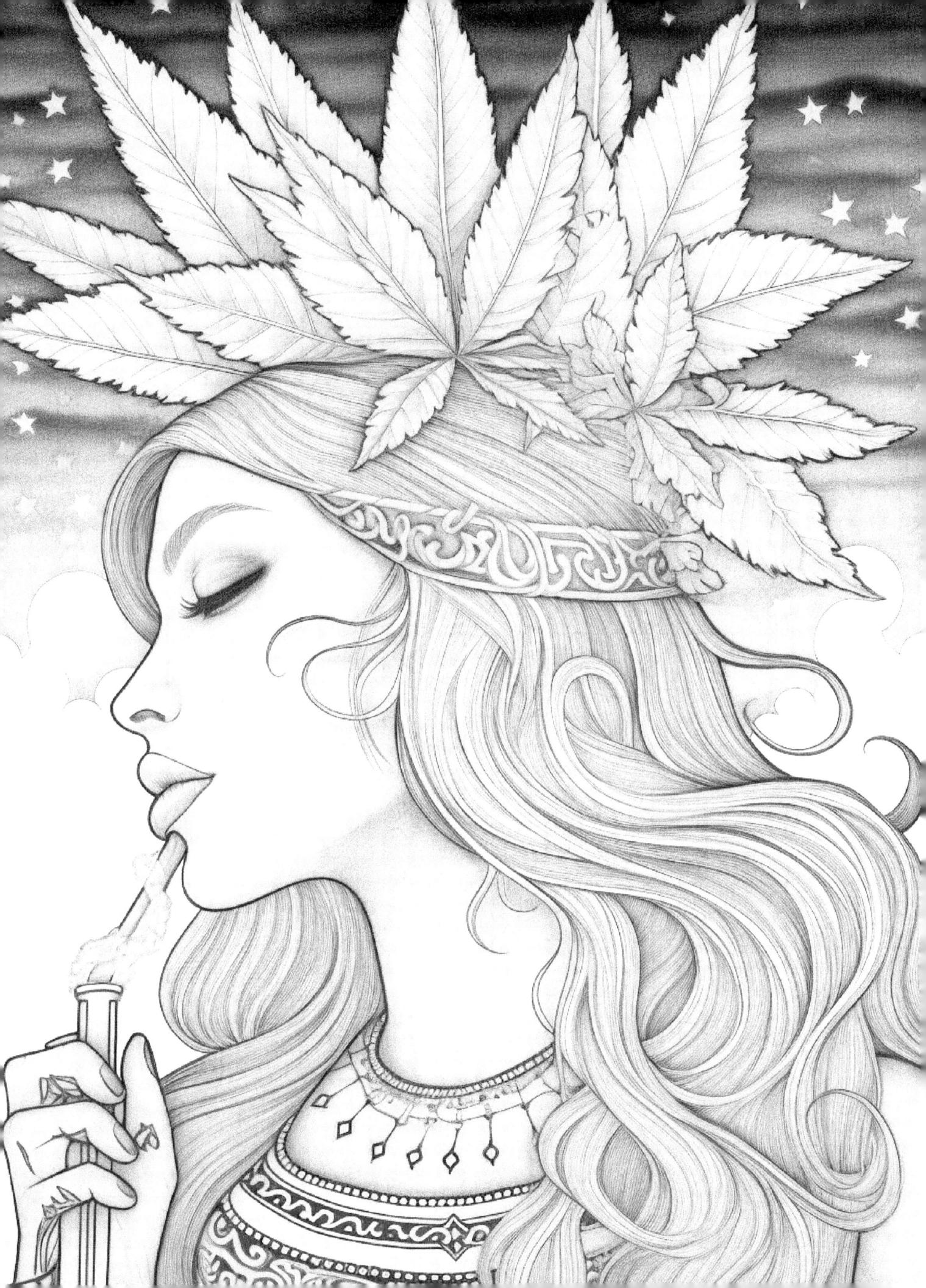

Very Hard

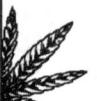

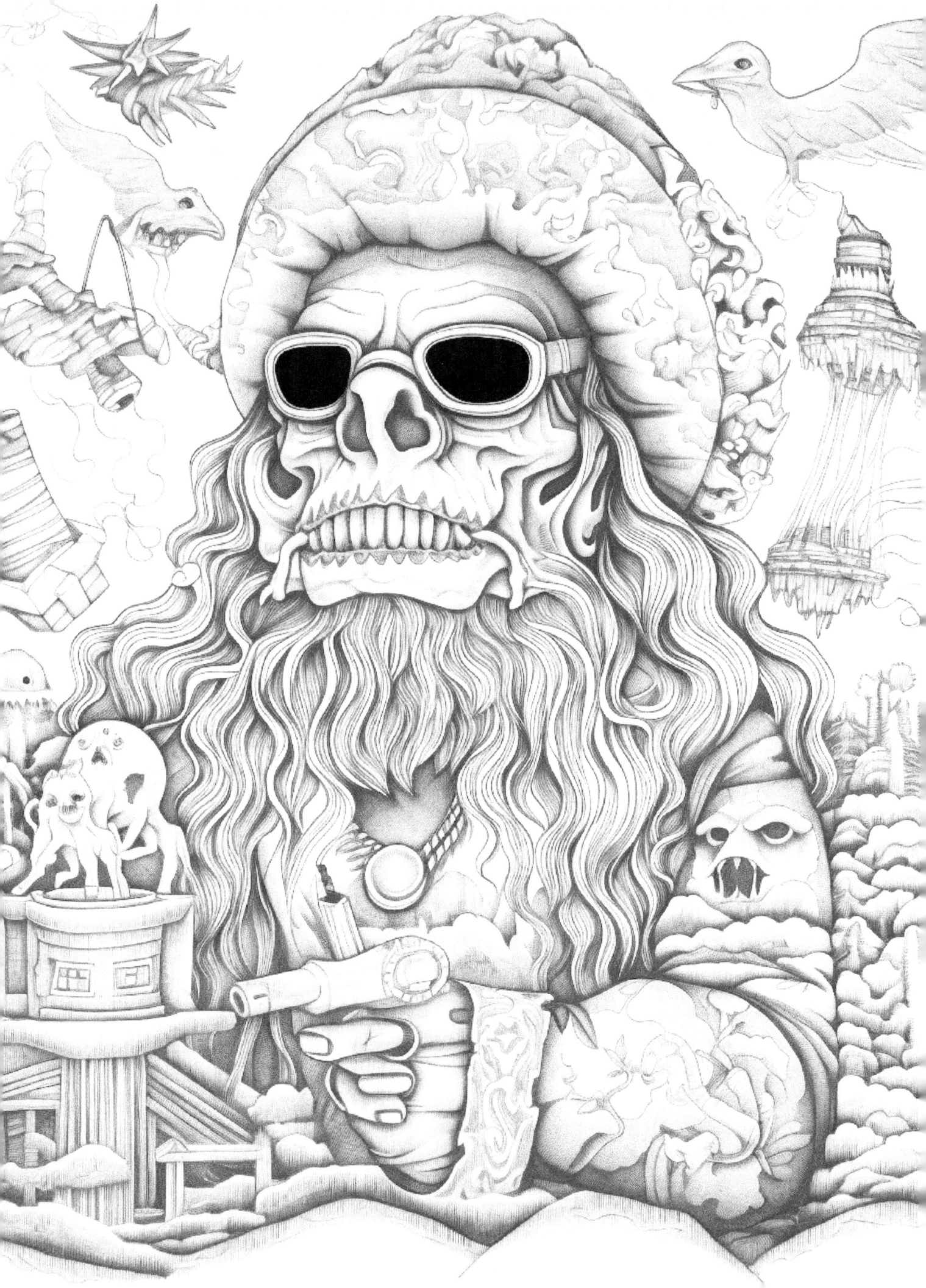

Very Hard

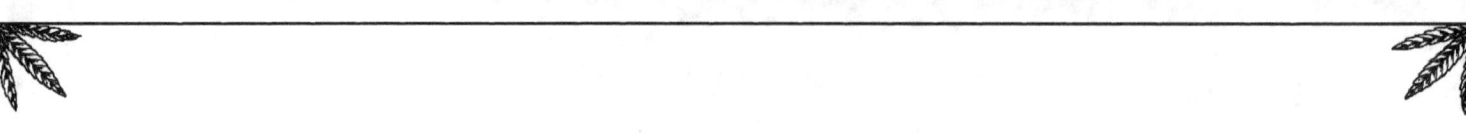

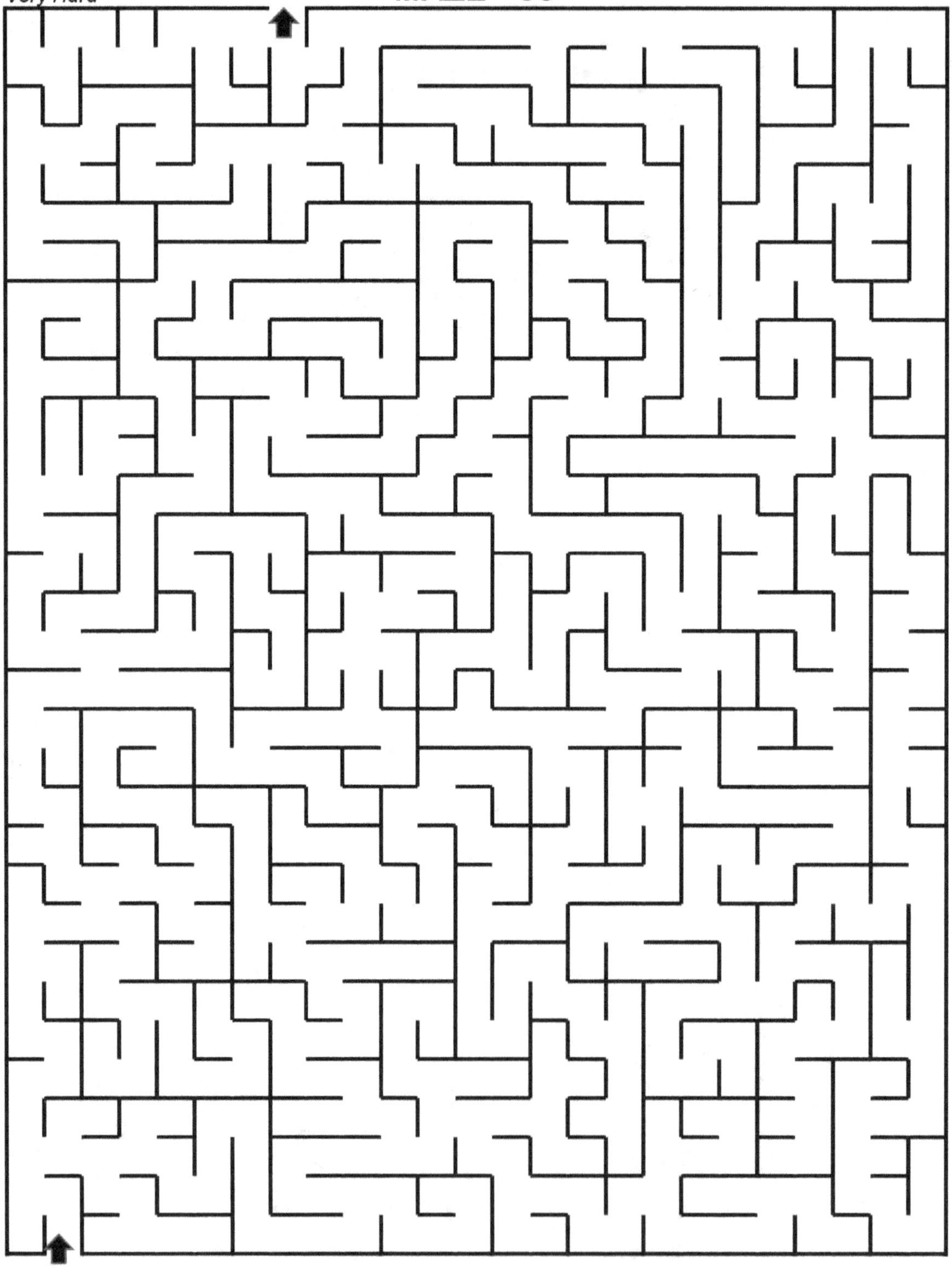

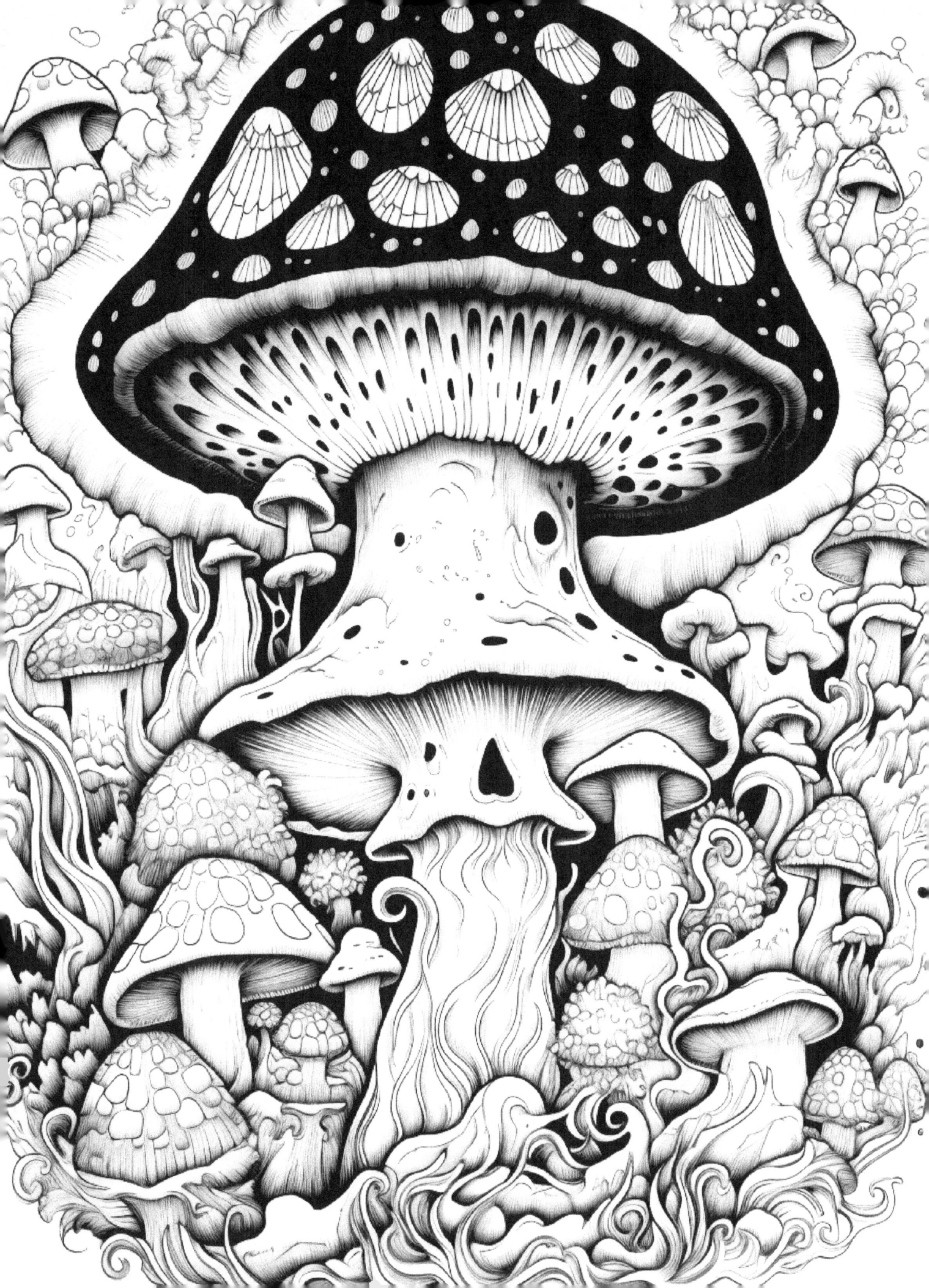

Very Hard

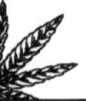

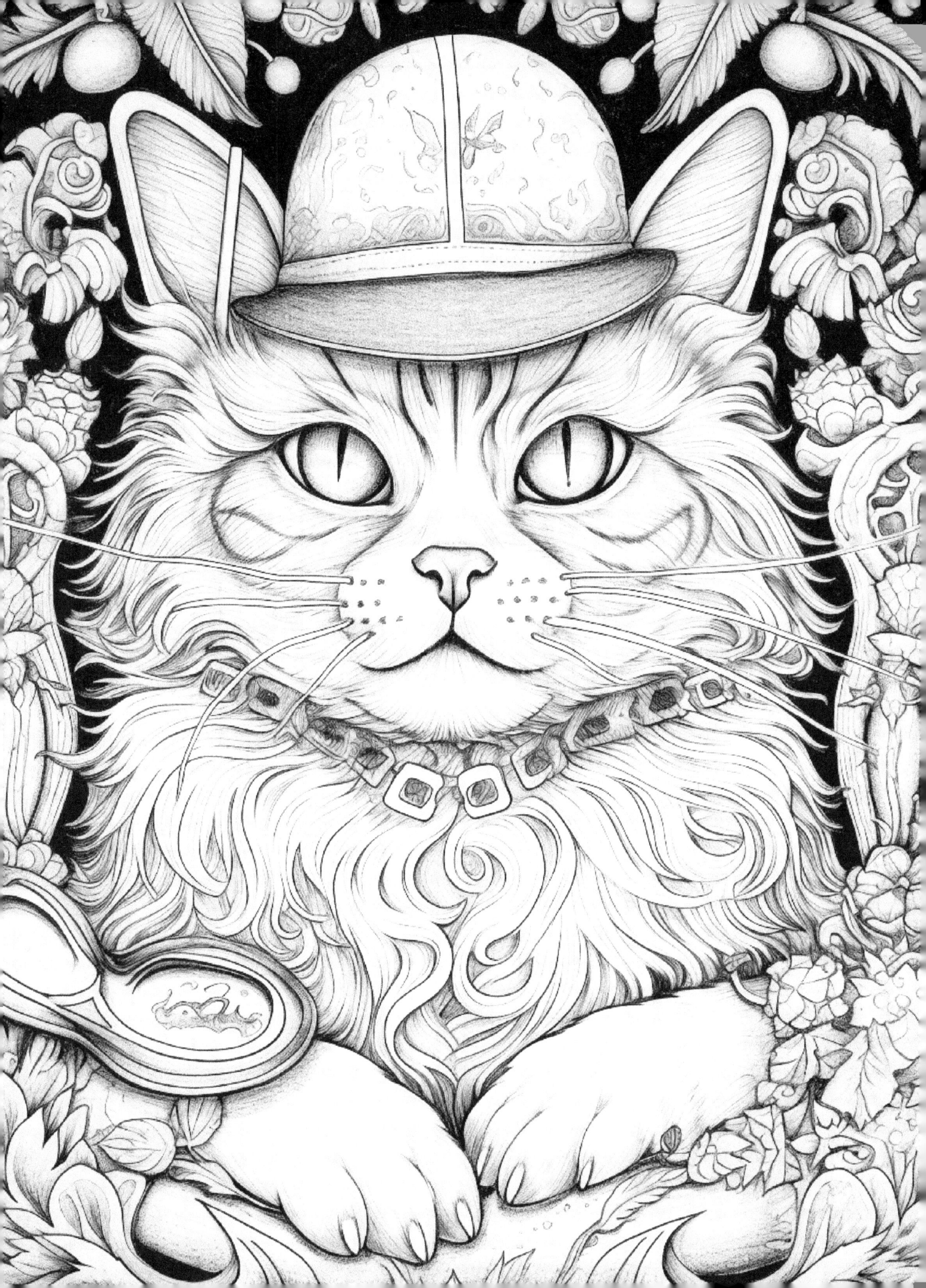

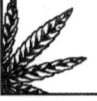
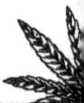

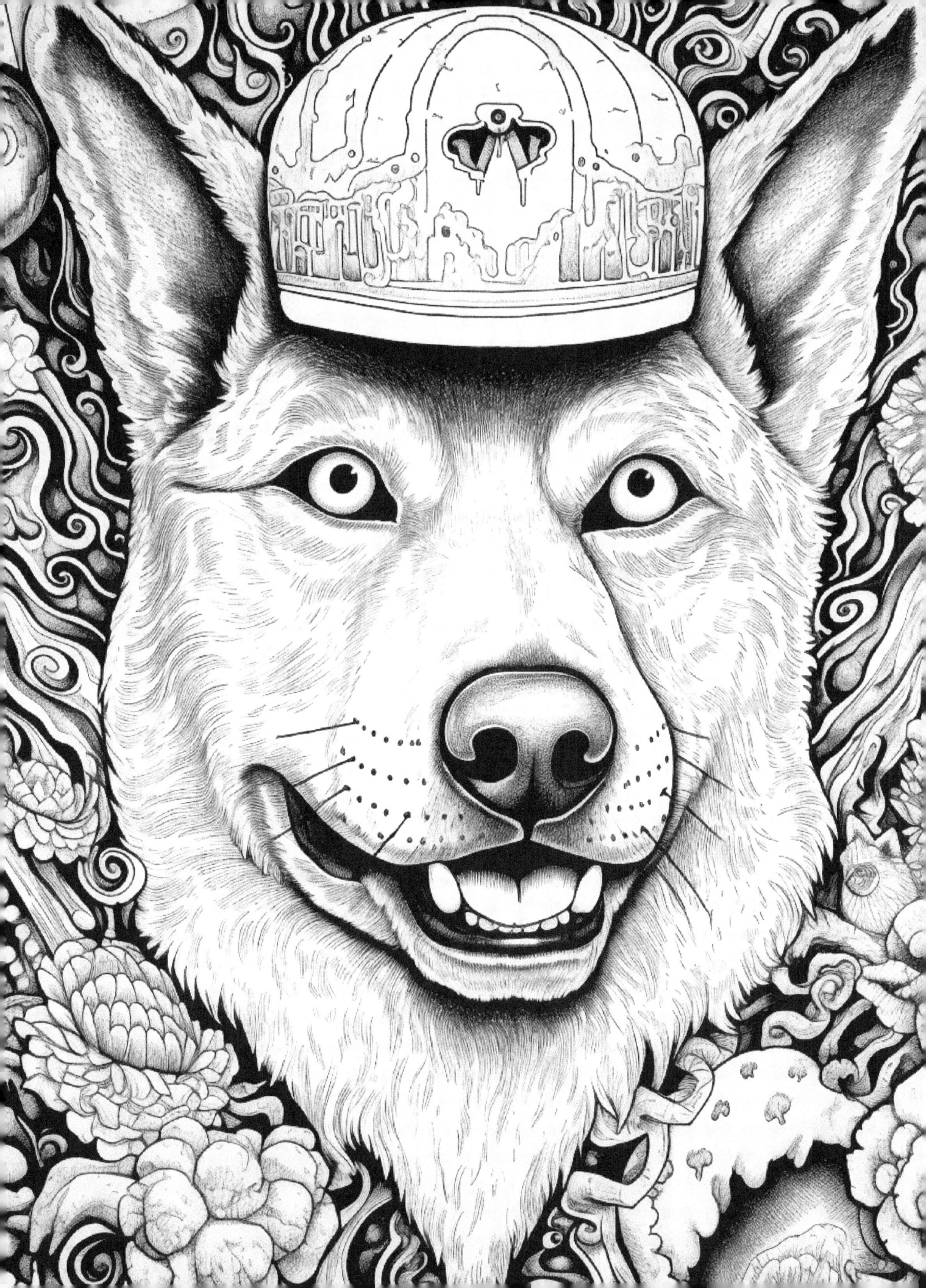

Very Hard

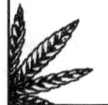

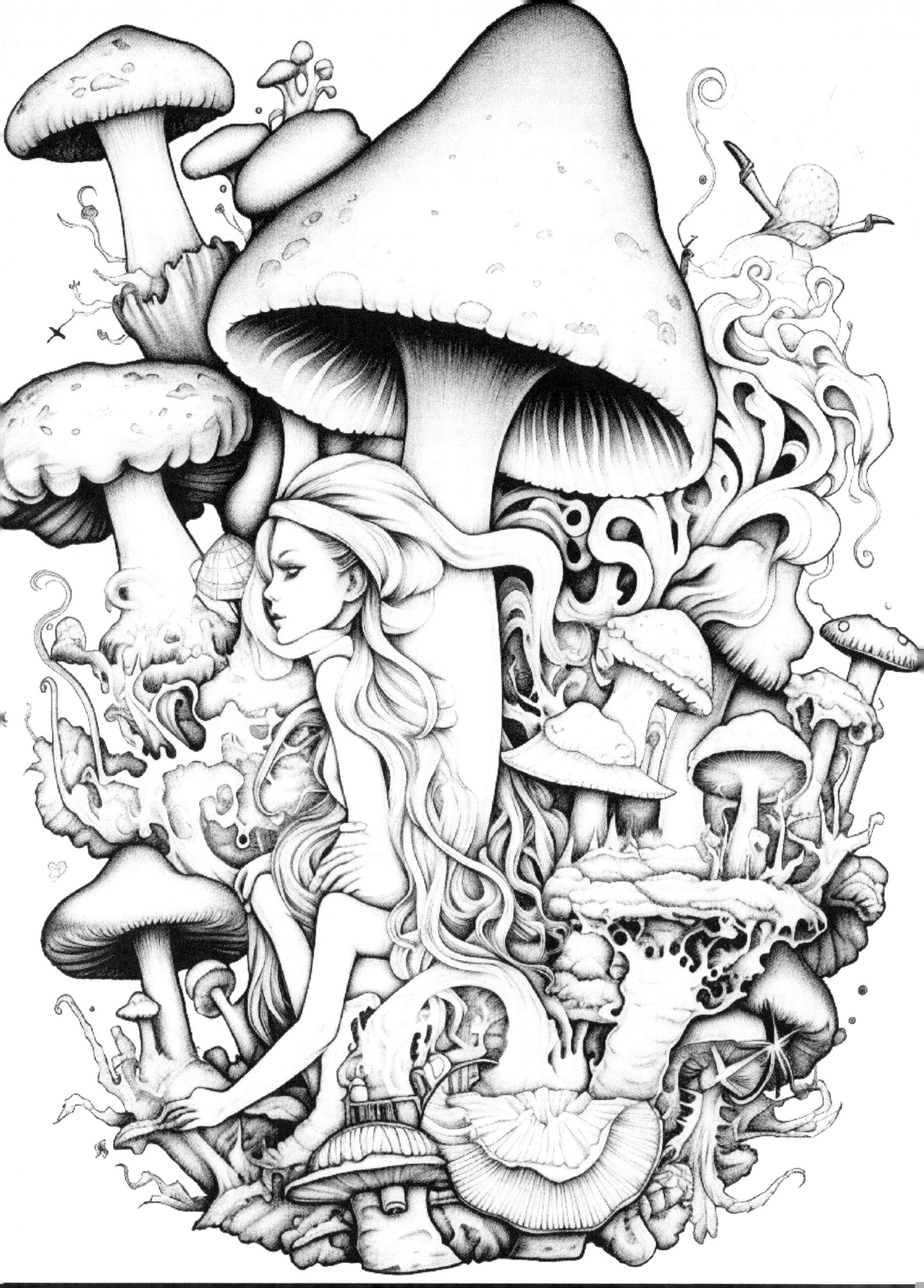

Very Hard

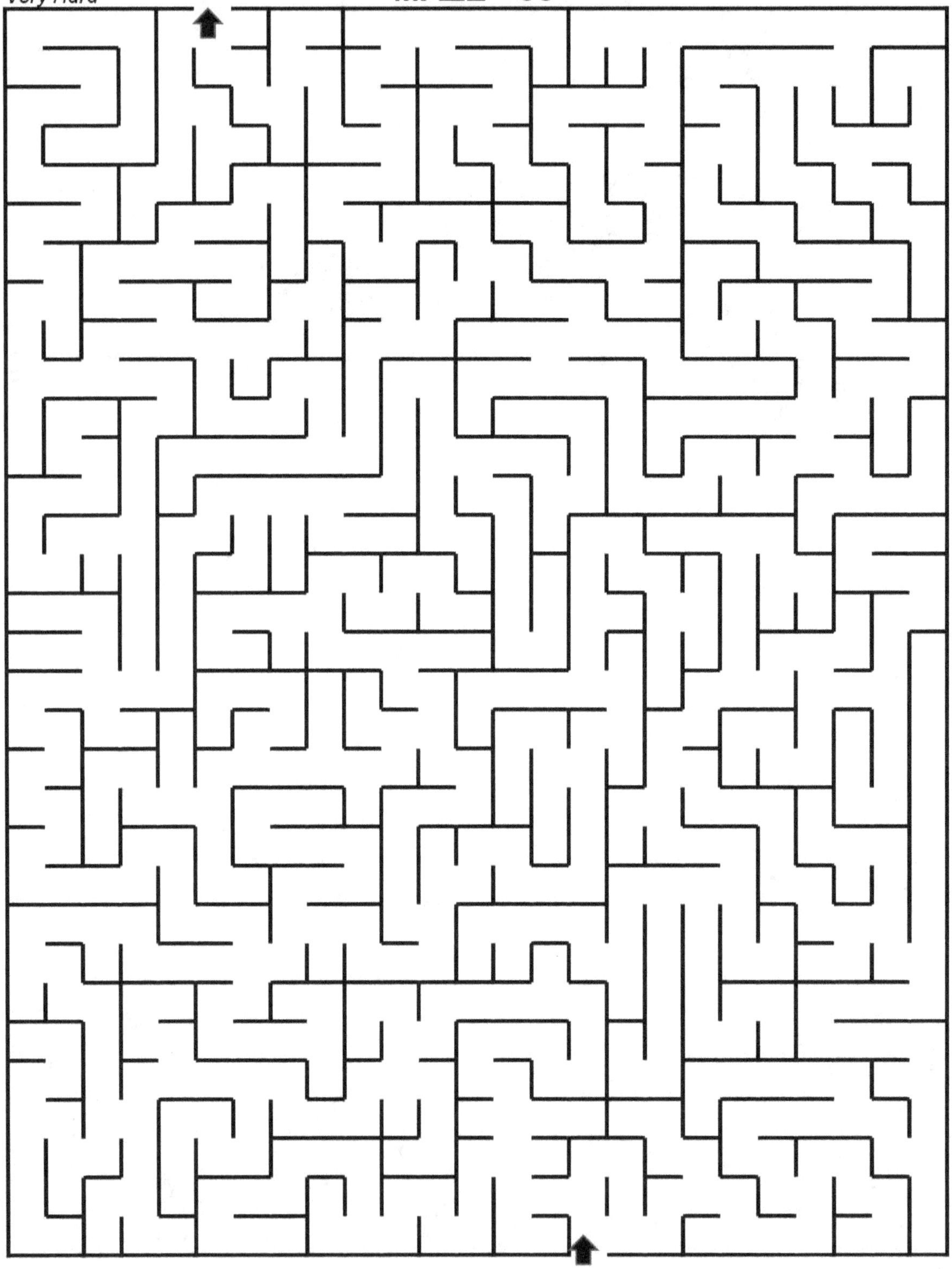

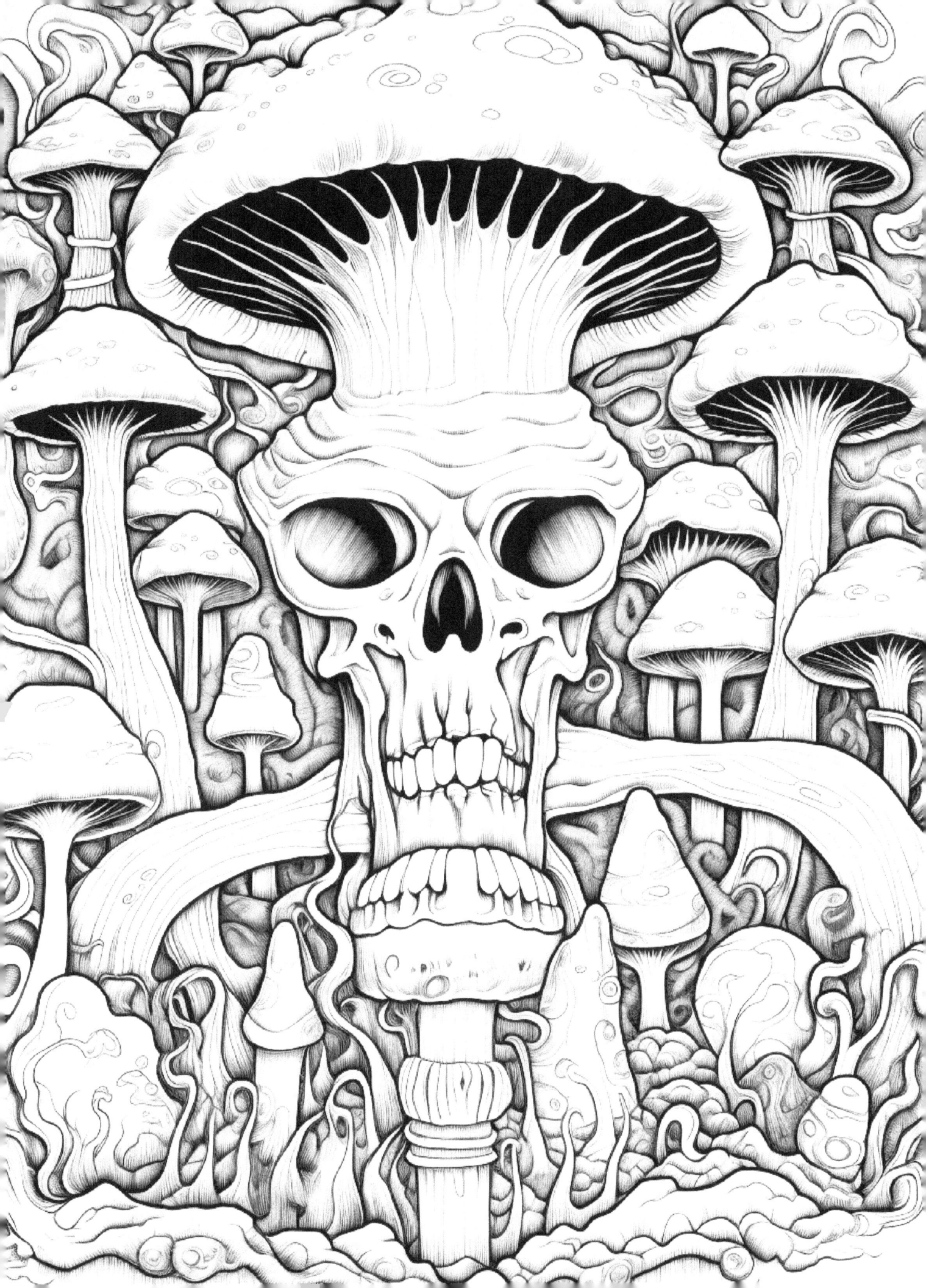

Very Hard

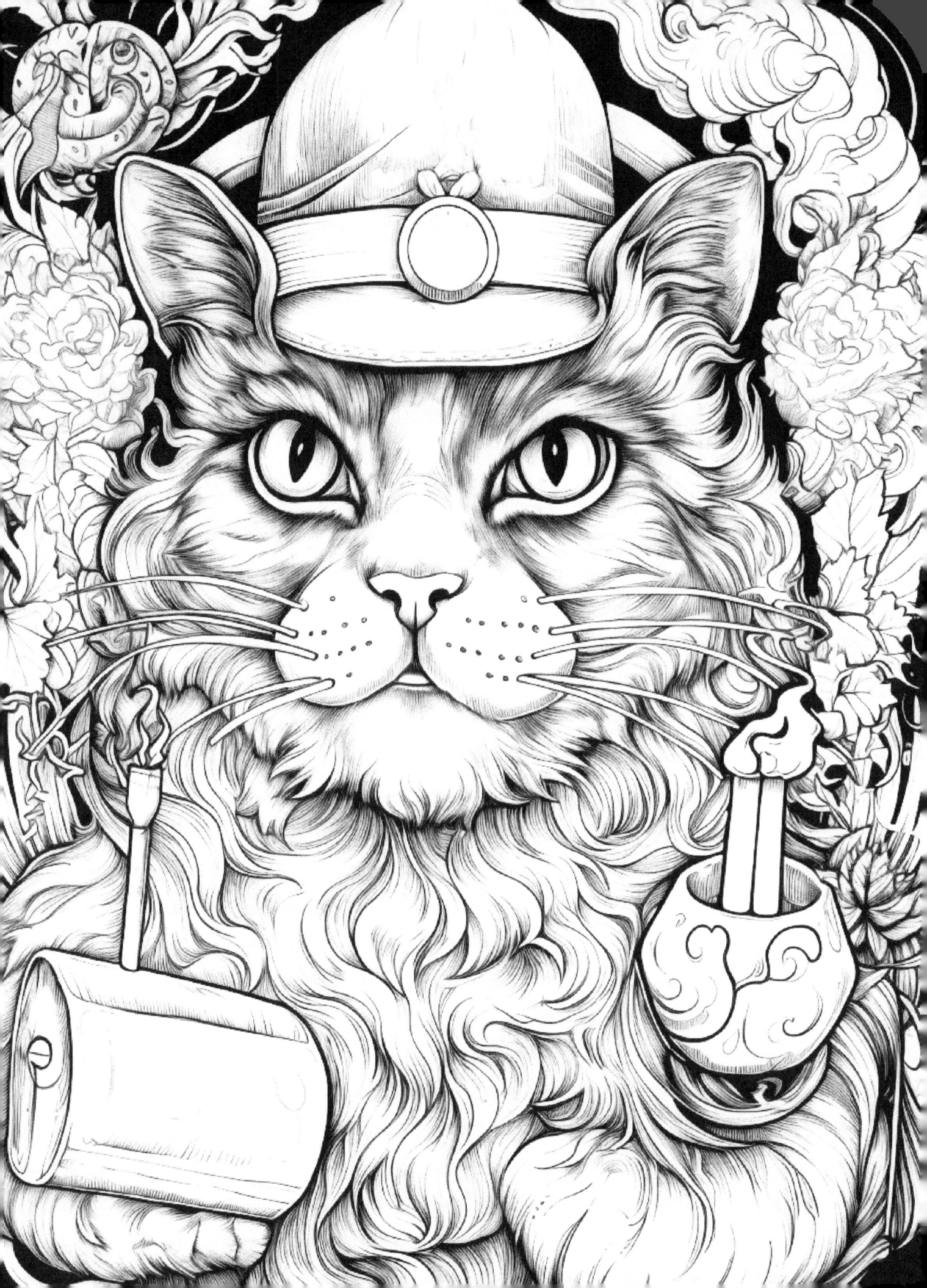

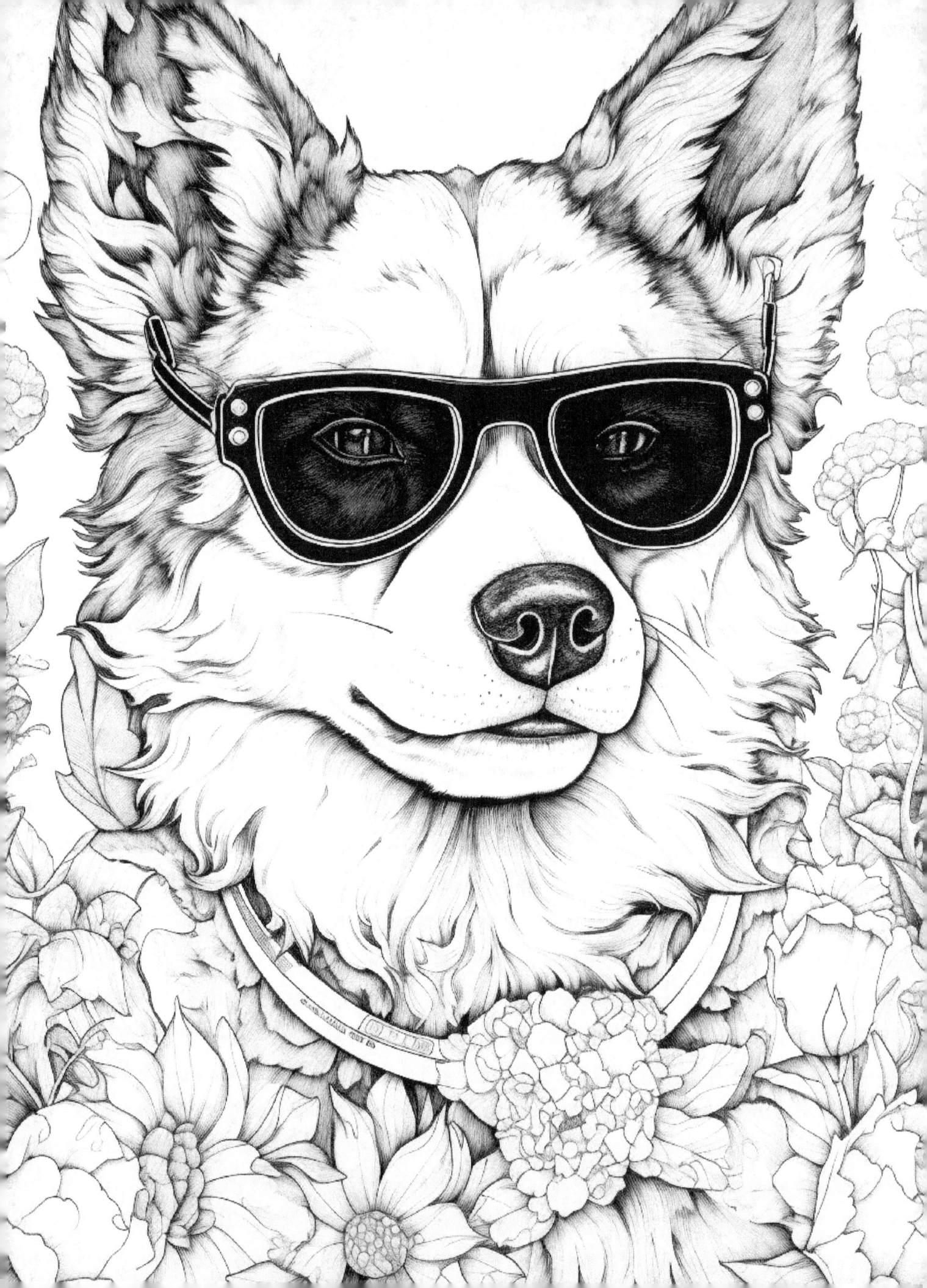

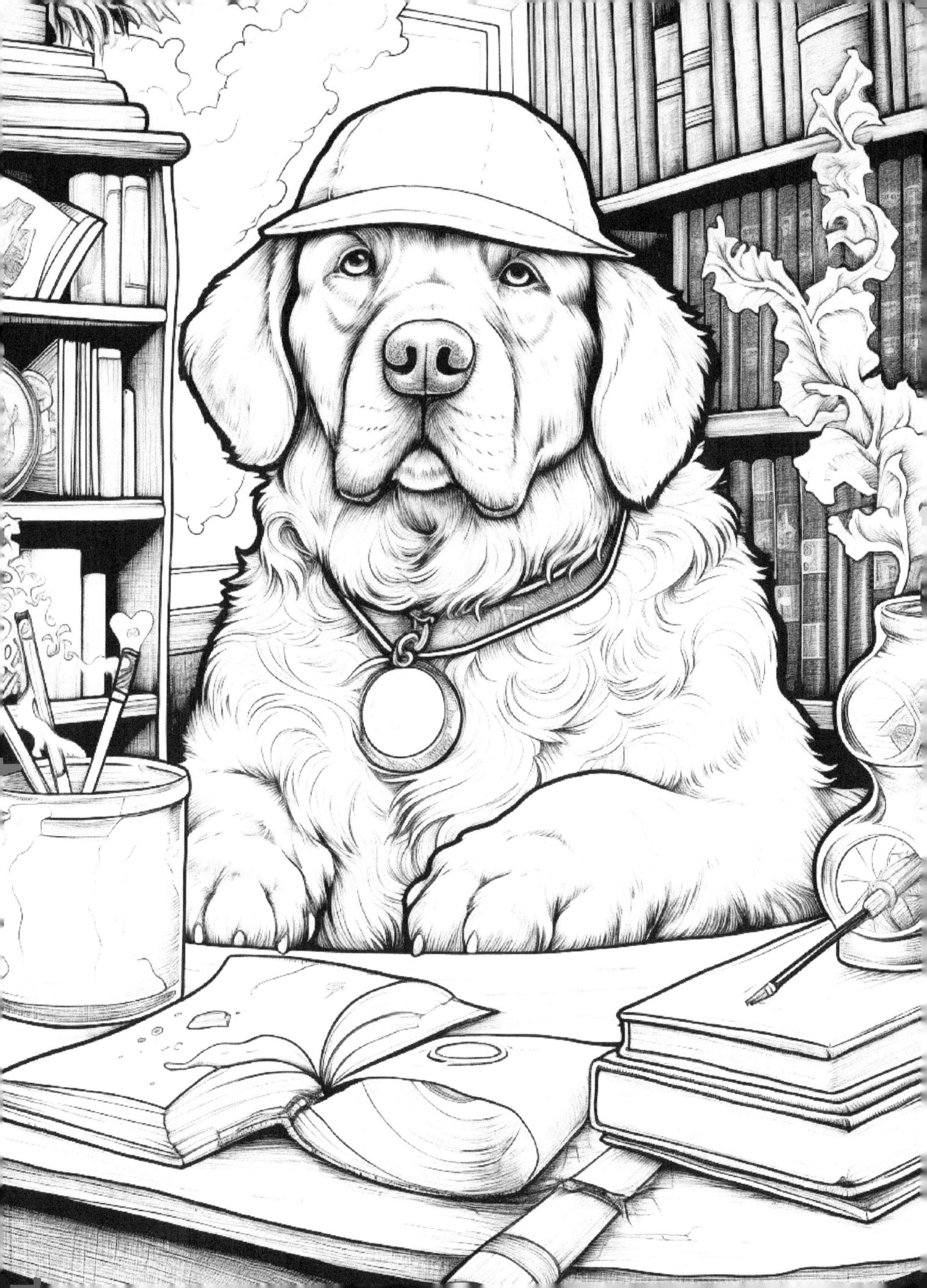

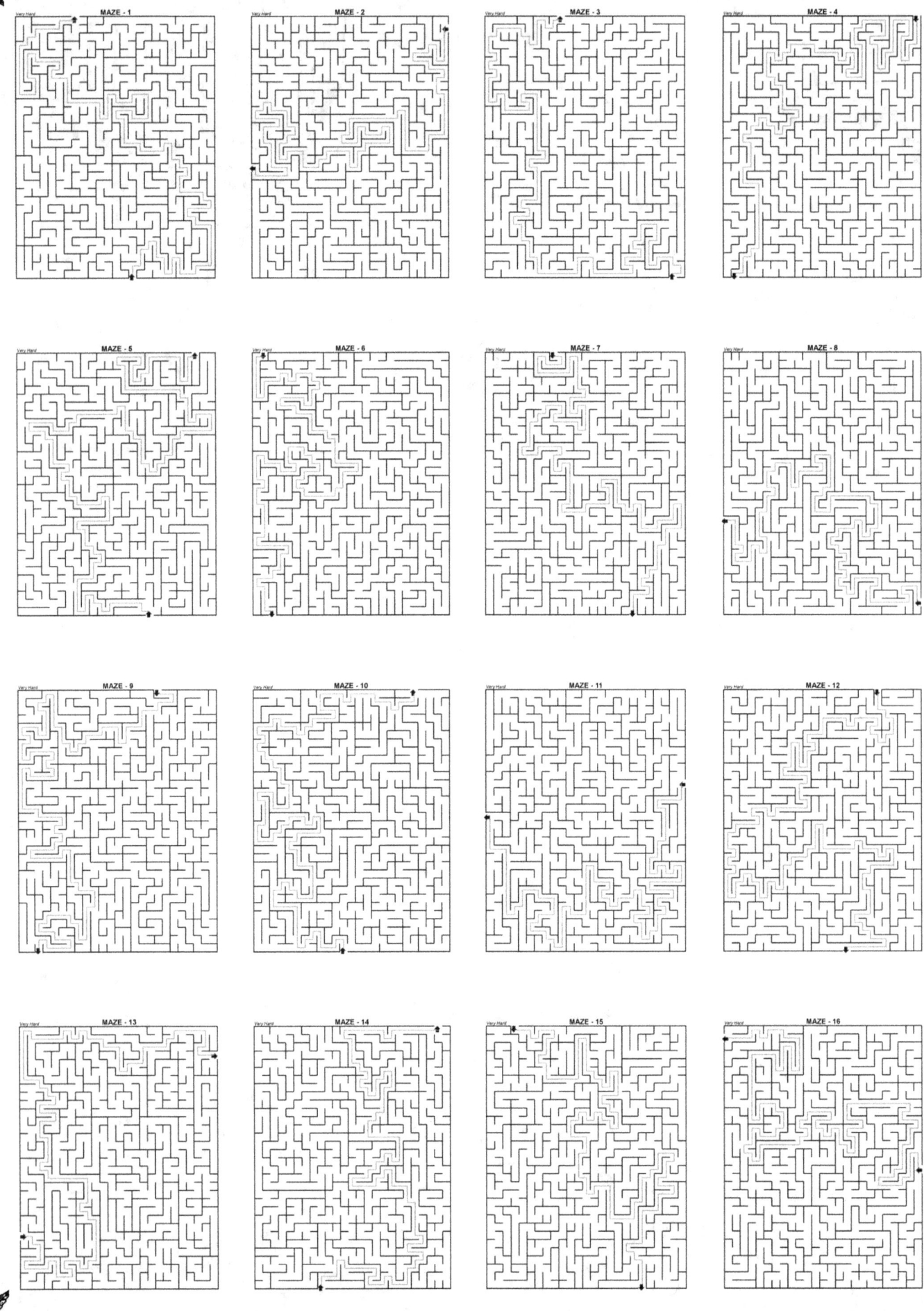

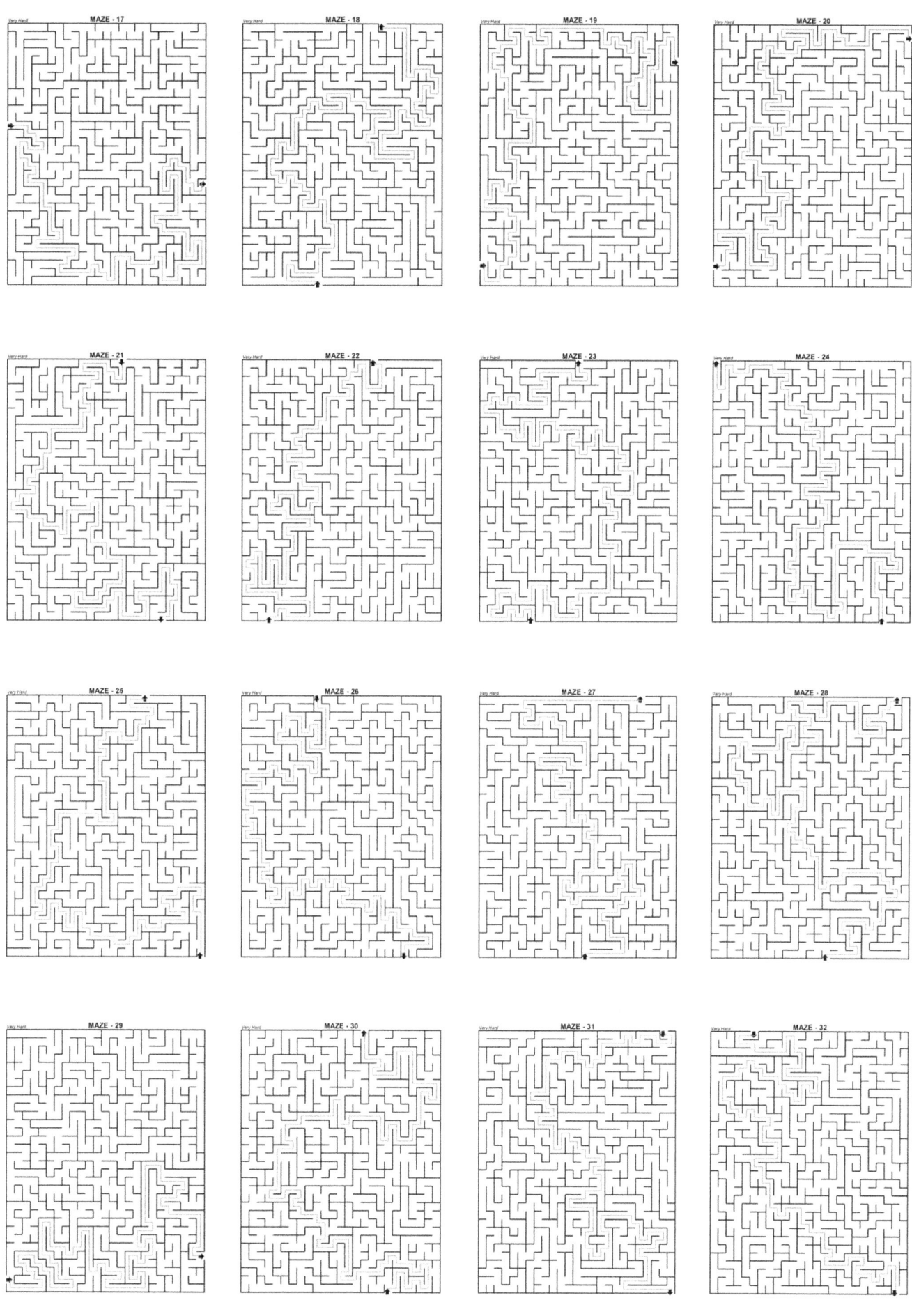

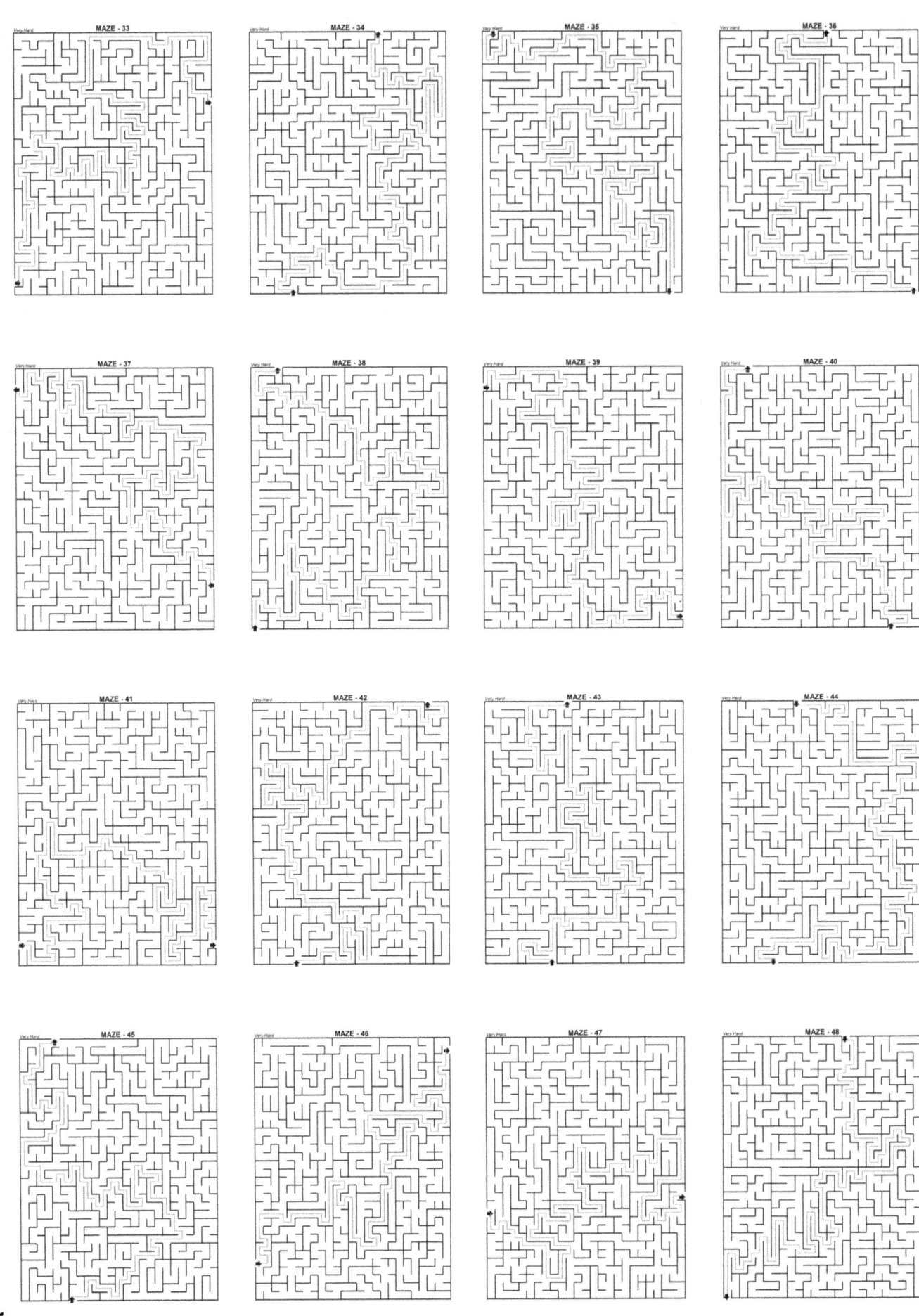

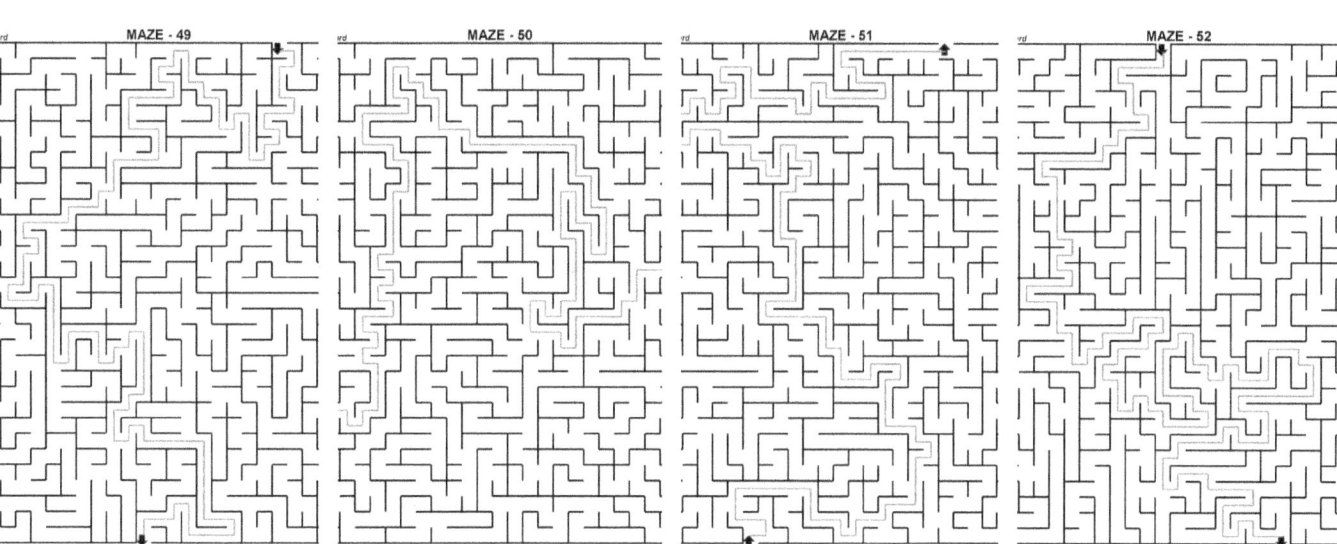

MAZE - 49　　MAZE - 50　　MAZE - 51　　MAZE - 52

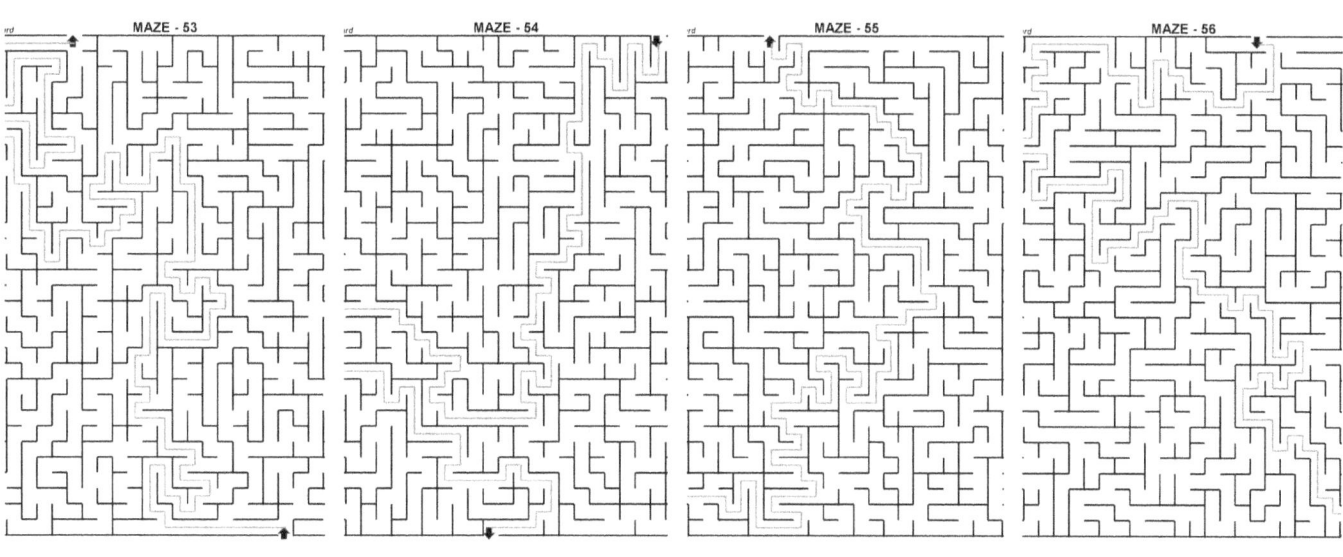

MAZE - 53　　MAZE - 54　　MAZE - 55　　MAZE - 56

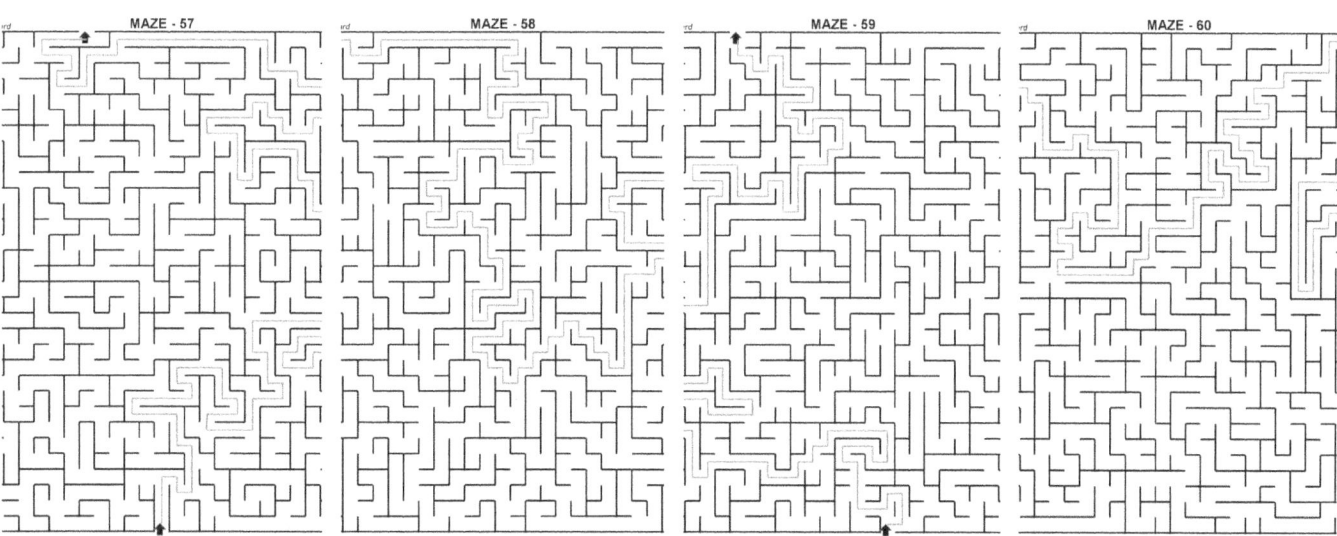

MAZE - 57　　MAZE - 58　　MAZE - 59　　MAZE - 60

Stoner - Solution

Marijuana - Solution

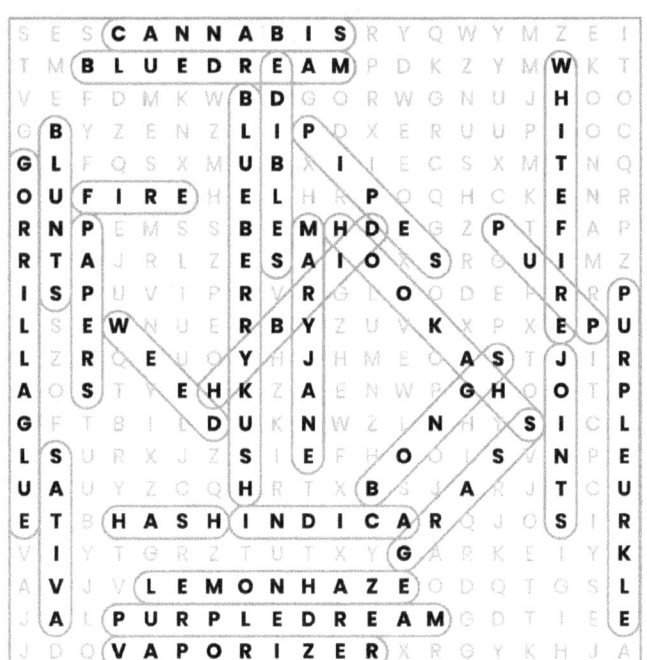

weed - Solution

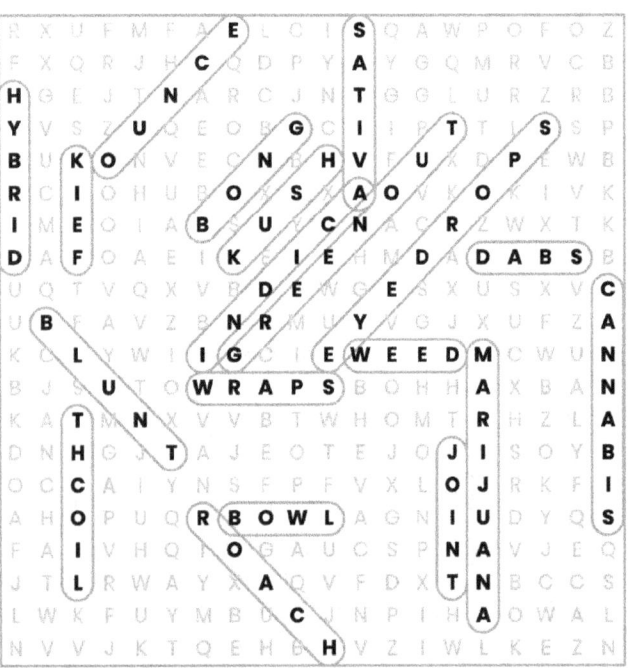

smoking - Solution

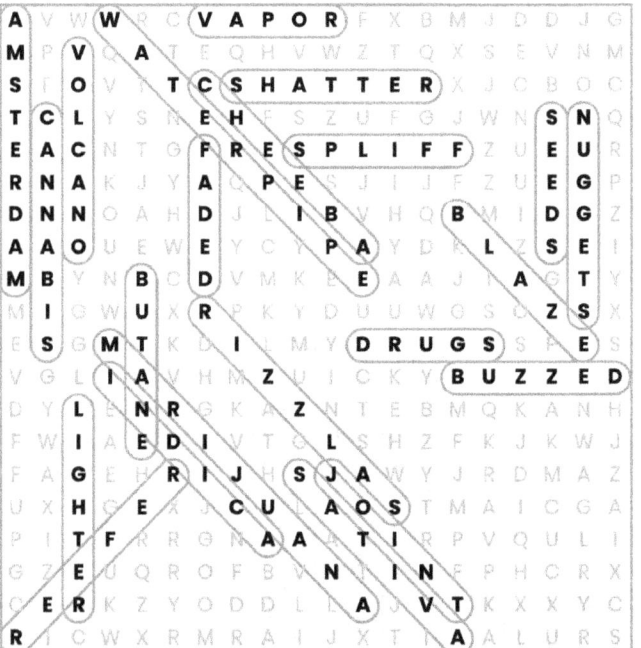

Smoke Sesh - Solution

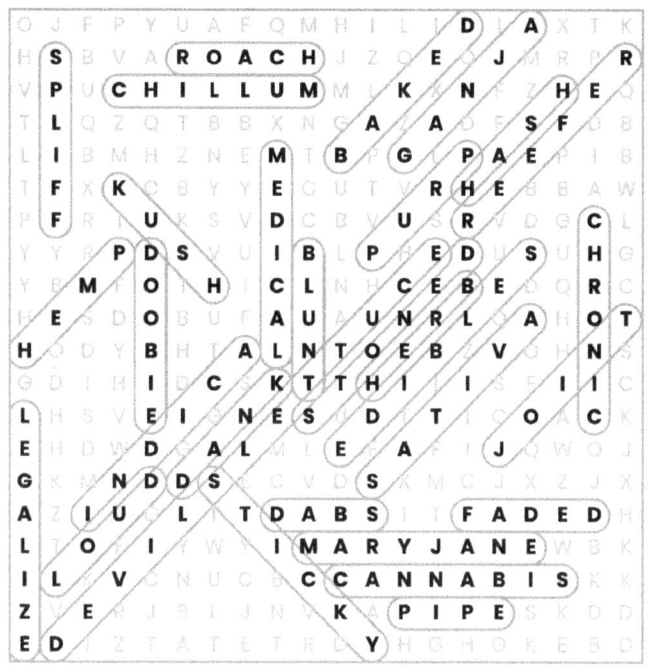

slang names for cannabis - Solution

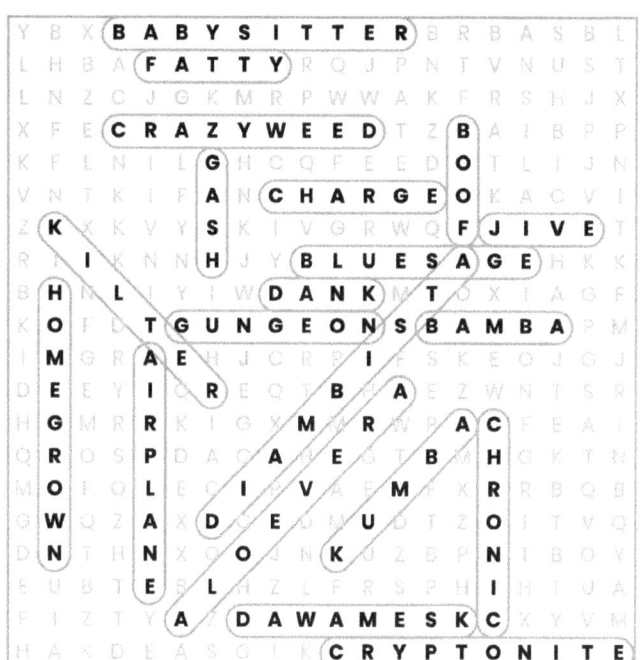

TruDank - Solution

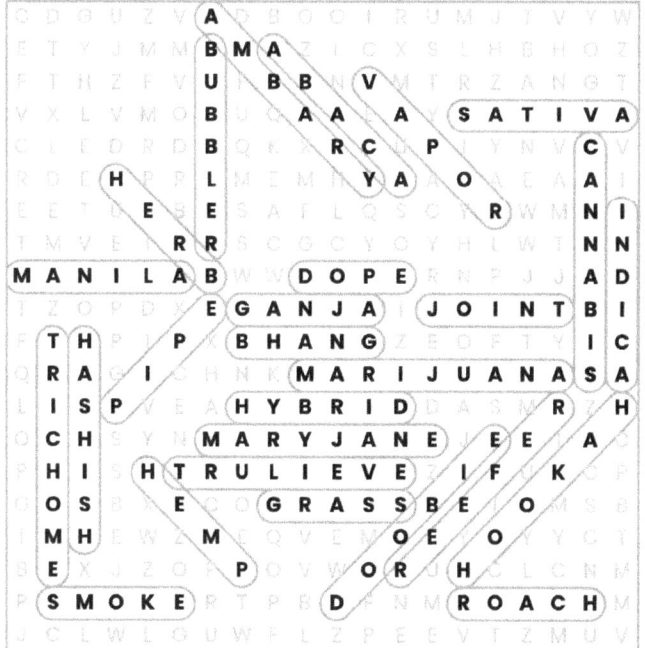

The World of Weed - Solution

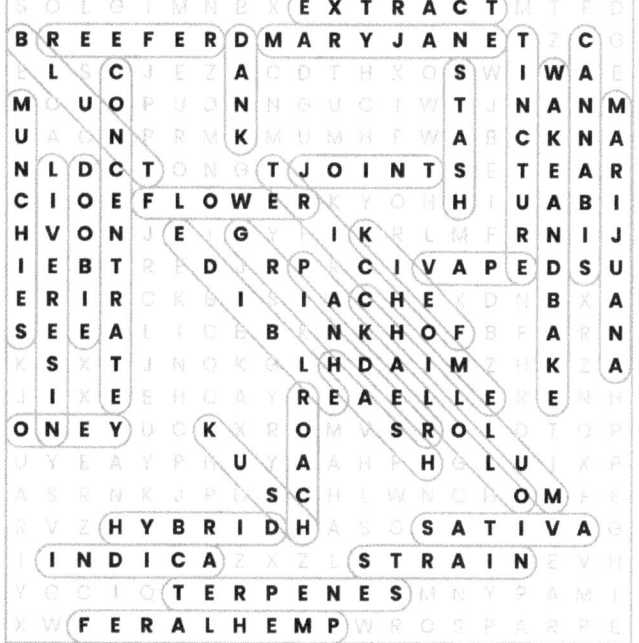

Thank You

for your purchase!

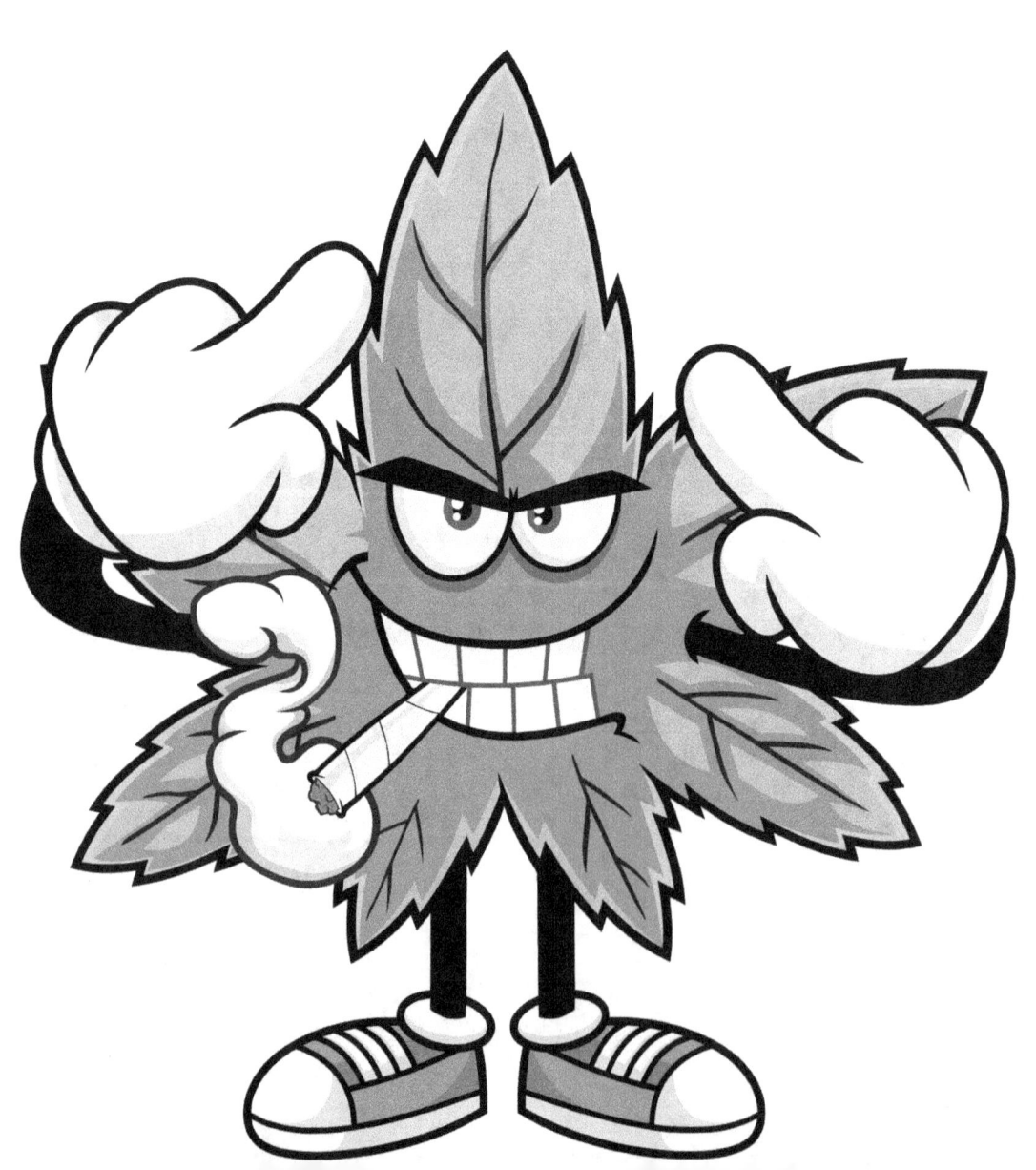